Dunja Honig

Waltraud Fink-Klein
Märchen mit Musik und Bewegung

praxisbuch kindergarten

Waltraud Fink-Klein

Märchen mit Musik und Bewegung

Rhythmisch-musikalische Spielgestaltungen
für Kinder von 5 bis 7 Jahren

Herder Freiburg · Basel · Wien

Gedruckt auf umweltfreundlichem,
chlorfrei gebleichtem Papier

Einbandfoto: Arnold Brunner, Horben
Fotos im Innenteil: Klaus Dieter Klein und Waltraud Fink-Klein
mit freundlicher Genehmigung der Eltern der Musikschule Giengen

Herstellung: Freiburger Graphische Betriebe 1995
ISBN 3-451-23531-5

Inhalt

Vorwort 9

1. Einleitende Gedanken zu den Märchen
    und ihren Ausgestaltungsmöglichkeiten
    als rhythmisch-musikalische Spiele 11

1.1. Mein Weg mit den Märchen 11

1.2. Auf was ist bei der Märchenauswahl zu achten? 12

1.3. Warum wählte ich diese Märchen? 12

2. Vom Umgang mit den Märchen
    und ihren Spielen 14

2.1. Die Bewegung als Grundlage 14

2.2. Die Wirkung von Klängen 15

2.3. Vielfältiges Angebot 15

2.4. Spiele-Mosaik 16

2.5. Beginnen und Verabschieden 16

2.6. Tänze für alle Gelegenheiten 17

3. „Der Pfannkuchen" aus Rußland 30

3.1. Das Märchen und seine Spielmöglichkeiten
      in der Übersicht 30

3.2. Vorschläge zum Verlauf einer Spielstunde 33

3.2.1. Einstimmung mit Lied und Klangspiel 33

3.2.2. Hinführung 33

3.2.3. Spieldurchführung 33
3.2.4. Verabschiedung mit Lied 41

3.3.   *Spielesammlung* 43
3.3.1. „Der Pfannkuchen rollt die Straße entlang" 43
3.3.2. Bastelanleitung 45
3.3.3. „Der Frühling ist da!" 45
3.3.4. „Kein Stäubchen Mehl ist mehr im Haus!" 47

3.4.   *Vorschläge zum Spielstundenaufbau* 53

4.   „Das Böhnchen" aus Rußland 56

4.1.   *Das Märchen und seine Spielmöglichkeiten*
       in der Übersicht 56

4.2.   *Vorschläge zum Verlauf einer Spielstunde* 58
4.2.1. Einstimmung mit Lied und Klangspiel 58
4.2.2. Hinführung 58
4.2.3. Spieldurchführung 59
4.2.4. Verabschiedung mit Lied 67

4.3.   *Spielesammlung* 68
4.3.1. Das Flüßchen 68
4.3.2. Der Lindenbaum 69
4.3.3. Das Mädchen 70
4.3.4. Die Kammacher 73
4.3.5. Die Brezelbäcker 74
4.3.6. Die Holzhacker 77
4.3.7. Hilfen zum Bau eines einfachen Schattenspieles 79

4.4.   *Vorschläge zum Spielstundenaufbau* 82

5.   „Das Hausgesinde" (Gebrüder Grimm) 86

5.1.   *Das Märchen und seine Spielmöglichkeiten*
       in der Übersicht 86

5.2.   *Vorschläge zum Verlauf einer Spielstunde* 88
5.2.1. Einstimmung mit Lied und Klangspiel 88
5.2.2. Hinführung 88
5.2.3. Spieldurchführung 88

5.3.   *Spielesammlung*   94
5.3.1. Wir machen einen Weg nach Walpe   94
5.3.2. Bewegungsbegleitung mit Liedern   94
5.3.3. Wir tanzen und musizieren mit dem Mann Cham . .   96
5.3.4. Wir spielen mit dem Kind Grind   97
5.3.5. Die Wiege Hippodiege 103
5.3.6. Der Knecht Machmirsrecht 105

5.4.   *Vorschläge zum Spielstundenaufbau* 109

6.   „Der süße Brei" (Gebrüder Grimm) 112

6.1.   *Das Märchen und seine Spielmöglichkeiten
       in der Übersicht* 112

6.2.   *Vorschläge zum Verlauf einer Spielstunde* 114
6.2.1. Einstimmung mit Lied und Klangspiel 114
6.2.2. Hinführung 114
6.2.3. Spieldurchführung 114
6.2.4. Verabschiedung 121

6.3.   *Vorschläge zum Spielstundenaufbau* 121

7.   „Die Sterntaler" (Gebrüder Grimm) 126

7.1.   *Das Märchen und seine Spielmöglichkeiten
       in der Übersicht* 126

7.2.   *Vorschläge zum Verlauf einer Spielstunde* 127
7.2.1. Einstimmung mit Lied und Klangspiel 127
7.2.2. Hinführung 128
7.2.3. Spieldurchführung 128
7.2.4. Verabschiedung mit Lied 137

7.3.   *Spielesammlung* 137
7.3.1. Die Kinder spielen die Sternentöne 137
7.3.2. Bewegungsspiel im Raum mit verteilten Rollen 138
7.3.3. Marionettenspiel mit Liedern und Musik 140

7.4.   *Spielhinweise für das Musizieren
       zum Marionettenspiel* 148

7.5.   *Bastelanleitung: einfache Marionetten* 150

7.6. *Laternenlied zum Martinstag* 151

7.7. *Lied: „Mondschein und Sterne"* 154

7.8. *Vorschläge zum Spielstundenaufbau* 156

Vorwort

Seit längerer Zeit begleitet und bewegt mich das Leben und Wirken des heiligen Franz von Assisi[1].

In einem frühen Werk von Hermann Hesse[2] fand ich folgende Wesensbeschreibung:

„In Assisi begann er zuerst zu reden. Er predigte, wo er einige beisammen stehen fand, auf Märkten und Gassen, an den Toren und Gartenmauern. Sein Wort war einfach und liebevoll; er forderte von keinem zu tun, was nicht er selbst bereit war zu tun, er trug des Erlösers Bild im Herzen und zeigte es jedem: Siehe, das ist Demut, siehe, das ist Geduld, siehe, das ist Liebe! Vielen ging es zu Herzen, nötigte sie zu Nachdenken und Einkehr, und es begann eine schweigende Verehrung den Prediger zu umgeben, von dessen Person und Rede eine Kraft und Wärme ausging als von einem guten und klaren Gestirne."[3]

Scharen wir Erziehende nicht auch unsere Schäfchen um uns? Soll unser Wort nicht auch einfach und liebevoll sein, unser Vorbild auf die Kinder wirken, unser Sein? Können wir ohne dienende Mutkräfte, ohne Geduld, ohne Liebe in der Erziehung tätig sein? Konnte unser Sein schon Hilfe für manches Elternhaus sein, zum Nachdenken anregen und Kraft spenden?

Für mich ist Franziskus mit seinem Tun und Denken ein Vorbild und ein Wegbegleiter meiner pädagogischen Arbeit geworden.

Ein Leben wie das seine, mit seiner Rückkehr zur Einfachheit, seinem Besinnen auf das Wesentliche, seiner Liebe zur Natur und zu jeder Kreatur könnte auch in unserer oberflächlichen

---

[1] Waltraud Fink-Klein, Spielleute Gottes. Der Sonnengesang gespielt, getanzt und gesungen, Jünger-Verlag.
[2] Hermann Hesse, Franz von Assisi, Insel-Verlag 1987.
[3] ebd., S. 36.

und hektischen, vom Materiellen beherrschten Zeit ein wirklicher Segen werden. Nicht, daß wir unsere Schuhe ausziehen und uns einen Strick umbinden müßten – wir leben in einem anderen Jahrhundert als Franz von Assisi und müssen den Zeitgeist unseres Jahrhunderts erfassen. Aber eine Wahrhaftigkeit und Liebe, so groß wie die seine, könnte uns – und vor allem den so überschütteten und bedrängten Kindern – Balsam für Körper, Seele und Geist sein.

Das Herz eines tanz-, sing- und sprachbegeisterten Pädagogen muß doch hüpfen, scheint mir, wenn erzählt wird, daß Franziskus (oft begleitet vom Spott und Hohn seiner Mitbürger) unbeirrt getanzt, gesungen und mit zwei Hölzern inbrünstig zum Lobe Gottes musiziert hat:

„Herr Gott, ich preise dich im stillen
um deiner Werke Pracht!"

Sein Sonnengesang ist eine unvergessene Dichtung.

Trotz vieler Entbehrungen war Franziskus von heiterer Natur, und allein seine Ausstrahlung konnte versöhnen.

Entbehren unsere Kinder heute nicht allzuoft diese Heiterkeit? Alles ist ernst und wichtig, gar nicht kindgemäß und oft allzu lieblos und erstarrt.

Vielleicht können wir mit den kleinen Märchen den Kindern (welche dem Paradies noch näher sind als wir) etwas seelische Nahrung geben und die Wahrbilder daraus auf sie wirken lassen. Aber nicht nur die Kinder schöpfen aus dieser Quelle; mit der innigen Verbindung zu ihnen tun es auch wir – machen wir uns auf den Weg.

„Jedes in solcher Art geführte Leben eines gewaltigen Menschen ist nichts anderes als eine Rückkehr zum Beginn der Schöpfung und als ein sehnlicher Gruß aus Gottes Paradies. Denn jene großen Träumer und Heldenseelen haben es immerdar verschmäht, aus trüben Wassern zu trinken; sie haben niemals an Scheinbildern ihr Genüge gehabt und sind niemals mit einem Namen anstatt des Wesens noch mit einem Bildnis an Stelle des Wirklichen zufrieden gewesen, vielmehr strebten sie in unersättlichem Drange an die ersten, reinen Quellen aller Kräfte und jedes Lebens zurück ..."[4]

---

[4] ebd., S. 10.

1

Einleitende Gedanken zu den Märchen und ihren Ausgestaltungsmöglichkeiten als rhythmisch-musikalische Spiele

1.1. Mein Weg mit den Märchen

Die Vorliebe für gespielte Märchen entstand in meiner Kindheit. Während meiner ganzen Schulzeit war ich immer mit viel Eifer bei den Märchenspielen im Kindergarten „mit dabei".

Später, als Kindergärtnerin, fiel mir auf, wie sehr die Kinder den „Kartoffelkönig"[5] liebten – ein rhythmisches Märchen, das sie nicht oft genug hören konnten.

Während meiner Studienzeit am Rhythmikseminar begegnete ich dann wieder diesen einfachen Märchen, welche im rhythmisch-musikalischen Tun durch Bewegung, mit Liedern und Musik neu lebendig gemacht und so mit den Kindern durch ihre Einfachheit, Heiterkeit und leichte Spielbarkeit in vielen Wiederholungen und Varianten gespielt werden können.

Ein gutes Beispiel dafür ist das in meinem Buch „Spielrhythmik im Kindergarten"[6] erschienene Märchen: „Das Rübchen". Immer wieder erlebe ich, wie die Kinder in dieses frohe Spiel eintauchen und die Musik und die Lieder verinnerlichen.

Diese Erfahrung ließ mich nach weiteren geeigneten Märchen Ausschau halten, und ich fand die beiden russischen Märchen vom Pfannkuchen und vom Böhnchen; die anderen hier behandelten Märchen sind von den Gebrüdern Grimm gesammelt worden.

---

[5] aus: Wilhelm Matthießen, Das alte Haus. Ein Märchenbuch zum Vorlesen und Selberlesen, Verlag Herder, 12. Auflage 1993.
[6] Waltraud Fink-Klein, Spiel-Rhythmik im Kindergarten. Pumpernickels Hänschen und andere rhythmisch-musikalische Spielentwicklungen für Kinder von 4 bis 7, Verlag Herder 1991.

1.2. Auf was ist bei der Märchenauswahl zu achten?

Folgende Kriterien sollten der Auswahl zugrunde liegen:
- Kann hier ein differenziertes, nachspielbares feinmotorisches Spiel entstehen?
- Welche Möglichkeiten bietet das Thema für rhythmisch-musikalische Bewegungsspiele im Raum?
- Sind Erweiterungsspiele, welche ein vertieftes Erleben und somit eine stärkere Verbindung mit den einzelnen Spielgestalten ermöglichen, sinnvoll?
- Welche Lieder bereichern das Spiel und lassen die Kinder nach einiger Zeit mitsingen?
- Wie können dazu stimmige Klänge an die Kinder heranklingen oder von ihnen selbst musiziert werden?
- Welche Ausschmückungen beleben die Wiederholungen (Materialien, Basteleien)?

1.3. Warum wählte ich diese Märchen?

Geradlinige, einfache kleine Märchen geben uns die Möglichkeit, ganz in die Bewegung zu gehen und entsprechen somit dem natürlichen Bedürfnis des Kindes, erst einmal über den Körper Erfahrungen zu machen. Darauf aufbauend kann dann leicht musiziert und ausgeschmückt werden. Es gibt hier noch keine Verwicklungen und Verirrungen oder gar Aufgaben zu lösen wie in vielen Märchen – was für die größeren Kinder von höchster Wichtigkeit ist -, sondern das Kind geht einfach hinaus, um Erfahrungen zu machen.

In manchen Märchen führt der Weg des Kindes wieder zurück, in anderen wird die Hauptfigur noch überlistet – es fehlt noch an Übersicht.

So ist es auch bei den Kindern in den verschiedenen Altersstufen: Wir begleiten sie, und mit den Jahren gehen sie immer mehr alleine hinaus, weil sie den Weg (wie das treue, in der Verantwortung stehende Hühnchen im Märchen „Das Böhnchen") wieder selber zurückfinden. Sie haben sich schon eine Kenntnis über die Welt erworben, wissen, wohin es geht und wie sie wieder zurückfinden – und damit sind die Kinder dann auch schon schulreif geworden.

Beim Märchen „Der Pfannkuchen" jedoch bedarf es noch einer Begleitung. Er rollt und tollt – das ist wunderbar und muß so sein -, wird aber dann doch überlistet und gefressen. In Heiterkeit natürlich, es ist ja kein Drama, sondern eine Tatsache! (Meist machen die Erwachsenen ein Drama draus, das Märchen zeigt aber lediglich eine Entwicklung auf.)

Ganz heiter geht es bei dem Märchen „Das Hausgesinde" zu. Anfangs war ich sehr gespannt auf die Reaktion der Kinder. Es ist jedesmal ein fröhliches Spiel geworden, manche Kinder konnten sich vor Lachen nicht auf dem Stuhl halten. Dieses Märchen ist ja eigentlich nur eine rhythmische Aufzählung und Aneinanderreihung, aber seine spaßigen Namen mit ihren Bezügen zum Wesentlichen und ihren Reimen ergeben einen stimmigen Gesamtbezug zu diesem Hausgesinde. „Der süße Brei" und „Der Sterntaler" beginnen da schon trauriger – jedoch gehen beide Märchen gut aus und bringen Zuversicht, auch wenn die Voraussetzungen dazu nicht die Besten sind.

Immer geht es hinaus in den Märchen, alle machen sich auf ihren Weg: Geben wir den Kindern diese einfachen, heiteren, hoffnungsvollen Märchen als Begleiter mit. Dürfen sie diese auch noch spielen, so tragen sie diesen Schatz immer in sich – ich kann das aus eigener Erfahrung sagen.

„Das Schöne hab ich liebgewonnen,
ich nahm es an,
wenn man mir es schenkte,
um gleich es wieder zu verschenken."

Bettina von Arnim

2 Vom Umgang mit den Märchen und ihren Spielen

2.1. Die Bewegung als Grundlage

Einige der in diesem Buch behandelten Märchen sind den Kindern bekannt; trotzdem ist es ratsam, das jeweilige Märchen in aller Ruhe und aus dem Geschehen heraus erst einmal vorzuspielen. Selbst die größeren Kinder (6–7 Jahre) in der Musikschule spielten mit Hingabe das Märchen vom süßen Brei auf ihren selbstgerichteten Tischen und mit ihren eigenen Tischpuppen. Doch zuvor war das Märchen von mir vorgespielt und durch verschiedene Elemente vertieft worden.

„Meine" Kinder in der Musikschule spielen immer, bevor es an die Instrumente geht, die Märchen oder Reime, Lieder usw. in der Bewegung. Das ist die beste Voraussetzung für ein verinnerlichtes, bewegendes Musizieren – auch als Grundlage für das spätere Soloinstrument. Darauf, auf diese Bewegungsgeschicklichkeit und Lockerheit, ist ein intensives Musizieren im Elementarbereich wunderbar aufzubauen.

Natürlich sind alle diese Spielangebote, aus der Bewegung heraus und mit einfachen Klängen bereichert, auch im Kindergarten möglich – dies ist für die gesunde Entwicklung des Kindes nur zu wünschen.

So ist für einen harmonischen Ablauf vonnöten, daß der Aufbau sorgfältig bedacht und logisch ist. Deshalb gebe ich im Praxisteil Anregungen zum Spielstundenaufbau, gebe aber gleich zu bedenken, daß jede Gruppe anders strukturiert ist und eine Eigendynamik hat.

Meine Vorschläge zum Aufbau von Spielstunden sind Möglichkeiten, welche eine Richtung aufweisen!

Diese Spiele wurden auch von mir schon in verschiedener Weise an die Kinder herangetragen – d.h., ich hätte hier mehrere Abläufe anführen können, zeige aber jeweils einen exemplarisch auf.

Gelingt es uns, durch einen ausgewogenen Aufbau die Kinder aus der inneren zur äußeren Bewegung (und umgekehrt) zu führen, ein gutes Verhältnis von Wahrnehmen und Handeln herzustellen, dann haben wir in ihnen etwas in Bewegung gebracht, was den ganzen Menschen betreffen kann: seinen Körper, seine Seele und seine geistige Bewegtheit.

2.2. Die Wirkung von Klängen

Heutzutage nimmt die Lautstärke und Unruhe um uns herum immer größere Ausmaße an, und das geht an den Kinder nicht vorbei. Deshalb versuche ich mit viel Besonnenheit und Klarheit an die Spiele heranzugehen, wobei es in der Bewegungsphase auch einmal hoch hergehen muß! Natürliche Klänge bringen uns dann wieder zur Ruhe, selbst gespielt, auf zarten Instrumenten, ohne Technik. Dies ist für die heutzutage mit Reizen überfluteten Kinder sehr wichtig, auch wenn es manchesmal lange dauert, bis sie der Musik zuhören können. Doch dann dürfen Instrumente, welche sie in einfacher Weise selber spielen, nicht mehr fehlen.

Unruhe entsteht aber auch durch chaotische Bewegungen in den Raumbewegungsspielen oder bei der Handhabung der Instrumente. Je mehr die Erzieherin die Kinder in das Spielgeschehen hineinführt, je mehr innere Ruhe sie selber hat, desto mehr können die Kinder diese auch erfassen.

2.3. Vielfältiges Angebot

So habe ich in den letzten Jahren nach immer neuen Möglichkeiten gesucht, um die Kinder in diesen Prozeß zu bringen und sie zu einem konzentrierten Spiel zu führen, das dann sogar heilsam für sie sein kann und wiederum positiv auch auf ihre Umwelt strahlt.

Aus diesem Impuls sind zu den Gesten- und Raumbewegungsspielen ein Tischspiel, ein Marionettenspiel, ein Schattenspiel und die Ausschmückungen mit Materialien hinzugekommen; ich war selber ganz begeistert von dem Spieleifer der Kinder. Diese Ausschmückungen schließen die eigene Körperbewegung nicht aus, sondern motivieren die Kinder zum Mit-Tun und zum Wiederholen.

2.4. Spiele-Mosaik

Das erwähnte Figurenspiel hat noch einen weiteren Vorteil. So kann, wenn der Text noch nicht parat ist, eine zweite Erzieherin lesen oder ein Schulkind zum Lesen und Musizieren eingeladen werden.

Dies kann zunächst als Vorführung gestaltet werden; vielleicht wird das Bewegungsspiel erst später aufgegriffen. Die kleinen Märchen enthalten viele Themeneinheiten, welche auch ohne das Gesamtthema eine geschlossene Einheit bilden.

So kann in vielfältiger Weise mit den Spielen dieses Buches umgegangen werden. Mein Rat bleibt trotzdem: Die Bewegung soll im Vordergrund stehen und erst einmal in der Gesamtgruppe gespielt werden, sonst wirkt das Spiel aufgesetzt und wird schnell unruhig und verwirrend.

2.5. Beginnen und Verabschieden

Meine Spielstunden beginnen immer mit einem Klangspiel und einem Lied, welches jeweils über längere Zeit am Anfang steht. Das Klangspiel kann eine Choroi-Klangröhre oder eine Klingekugel sein, die zunächst von der Erzieherin gespielt wird und dann auch nach und nach den Kindern übergeben wird. Dabei sitzen wir im Stuhlhalbkreis[7].

So laßt uns beginnen   Text und Melodie: Waltraud Fink-Klein

So laßt uns be - gin - nen mit

fröh - li - chem Sin - gen und heit' - rem

Klang.⸺ Jetzt fängt's an.

---

[7] Weitere Anfangslieder und Klangspiele in: Waltraud Fink-Klein, Spiel-Rhythmik, vgl. Fußnote 6.

Nun kann eine Spielstunde beginnen. Das gesamte Geschehen spielt sich m räumlichen Wechsel, vom Stuhlkreis ausgehend, in den freien Raum hinein ab. Meist beginnen wir im Stizen mit der Feinmotorik, dem mehr vom Wahrnehmen geprägten, gebundenen Teil; dann geht es weiter mit der Grobmotorik und dem freien Tun. So wie das Spiel es verlangt kehren wir wieder in den Stuhlkreis zurück, in dem jedes Kind seinen Platz hat.

Das Lied zur Verabschiedung entläßt uns:

Verabschiedung   Text und Melodie: Waltraud Fink-Klein

Das Spiel ist nun zu En - de, wir

rei - chen uns die Hän - de. Be -

hüt euch Gott, auf Wie - der - seh'n, bis

wir uns näch- ste Wo - che wie - der - seh'n!

2.6. Tänze für alle Gelegenheiten

Die Liebe der Kinder zu den Tänzen hat es mit sich gebracht, daß diese in den Spielstunden nicht mehr fehlen dürfen. Man kann sie zu allen denkbaren Gelegenheiten singen und tanzen, da der zugehörige Text neutral ist oder der jeweiligen Situation angepaßt werden kann.

Da wir sehr lange bei den einzelnen Tänzen verweilen, haben sich Variationen herausgebildet, welche auch mit den größeren Kindern gut getanzt werden können. Wichtig ist hierbei, daß die Grundelemente jeweils gleich bleiben. Der Charakter der

Tänze würde sonst verändert, und es wäre dann besser, einen neuen Tanz anzubieten.

Ich stelle hier einen Tanz und einige Variationen dazu beispielhaft vor:

Klatsch-Patsch-Tanz   Text: Waltraud Fink-Klein
                                           Melodie: Klaus Dieter Klein

A. Tanzeinführung

a) Wir sitzen im Kreis. Vor uns liegen Schellenstäbe und kleine Trömmelchen hübsch angeordnet am Boden.

Die Erzieherin singt und spielt mit ihren Händen (Melodie siehe oben):

Ha, ha, ha, –	3 x leicht und federnd klatschen, Pause.
ha, ha, ha, –	Wdh.
ha, ha, ha, –	
ha, ha, ha,	
die Sommerszeit	die waagerecht gehaltenen
ist da,	Hände umeinanderdrehen.
die Sommerszeit	Text je nach Jahreszeit ändern:
ist da.	Frühlingszeit, Weihnachtszeit ...

b) Die Erzieherin steht auf, geht singend und klatschend auf den Instrumentenkreis zu und hebt zwei Schellenstäbchen auf. Sie schlägt diese leicht (wie beim Klatschen) gegeneinander an und dreht sie dann – waagerecht gehalten – umeinander. Diese beiden Schellenstäbchen gibt sie ab, lädt zum Mitspielen ein und holt sich zwei neue herbei. Somit klingen immer mehr Instrumente zum gesungenen Lied, sie werden an alle auf diese Weise ausgeteilt.

c) Nun stehen wir auf, spielen unseren Lachrhythmus im Stehen und hüpfen dann, die Schellenbäumchen schwenkend, frei im Raum herum: „Die Sommerszeit ist da!"

d) Wir strecken unsere Hände aus: Wer uns am nächsten steht, soll nun der Tanzpartner sein. Nun spielen wir zu zweit: Im Lachrhythmus klingen die vier Schellenstäbchen durch den gegenseitigen Anschlag, zur „Sommerszeit" tanzen die beiden umeinander oder miteinander herum.

e) Nun wird die Spielweise beim Lachrhythmus etwas schwerer:

Ha, ha, ha, –	Anschlag der eigenen Klangstäbe
ha, ha, ha, –	gegenseitiger Anschlag mit dem Partner
ha, ha, ha, –	Ablauf wiederholen
ha, ha, ha, –	
die Sommerszeit	freies Tanzen
ist da ...	Alle Spielvorschläge nach Bedarf wiederholen!

f) Wir horchen auf die Schellenstäbchen, lassen sie ausklingen und kehren leise zu unserem Ausgangsplatz zurück. Dort setzen wir uns nieder und legen die Instrumente sorgsam an ihren Platz zurück – in aller Ruhe und nacheinander.

g) Die Erzieherin läßt ihre Fingerspitzen auf den Oberschenkeln tanzen: rechts – links – beide.

Dies geschieht ganz zart und aus  der Ruhe heraus, dann wandern die Finger zu den Trömmelchen, und alle spielen zum Singen der Erzieherin den Rhythmus vom B-Teil des Tanzes weiter:

La, la, la, la,	x = rechts, o = links
x o	Melodie s. vorne
la, la, la,	+ = beide
+ + +	
la, la, la, la ...	

h) Wenn das Tanzlied schon gut im Ohr klingt, kann die Erzieherin die Melodie mit der Flöte oder dem Saitenspiel (oder mit dem Dulcimer) spielen. Dazu klingen im A-Teil Schellenstäbchen, im B-Teil Trömmelchen.

Die Instrumente legen wir wieder in den Kreis zurück.

i) Nun geht es in den Raum:

A-Teil:

Ha, ha, ha,	stehend 3 x federnd klatschen
ha, ha, ha,	Wiederholung
ha, ha, ha,	
ha, ha, ha,	
die Sommerszeit	frei im Raum hüpfen
ist da,	
die Sommerszeit	
ist da.	

B-Teil:

la, la, la, la,	zwei Schritte vorwärts gehen, stehen
la, la, la,	3 x federnd auf die Oberschenkel patschen
la, la, la, la,	zwei Schritte zurückgehen
la, la, la,	3 x federnd patschen wie vorher
la, la, la, la,	Gesamtablauf wiederholen
la, la, la...	
	Wiederholung nach Bedarf

j) Ruhen:
Wir legen oder setzen uns um den Instrumentenkreis herum
und ruhen aus. Vielleicht werden die Instrumente auch noch
einmal zum Musizieren herbeigeholt; danach werden sie sorgfältig zurückgelegt.

Wird das Tänzchen später wieder aufgegriffen, so kann aus der
freien Form folgende Tanzform entstehen:

B. Tanzbeschreibungen

a) Einfache Form im Kreis:

Aufstellung: beliebig viele Personen im Frontalkreis.

A-Teil:

Takt	Bewegung
1	3 x klatschen
2	3 x patschen (Oberschenkel)
3	3 x klatschen
4	3 x patschen
5–8	durchfassen, im großen Kreis nach links gehen
1–8	wiederholen

B-Teil:

Takt	Bewegung
1	2 Schritte zur Kreismitte, rechts beginnend, Fassung lösen
2	3 x patschen
3	2 Schritte rückwärts zurückgehen, rechts beginnend
4	3 x patschen
5-8	Takt 1-4 wiederholen

b) Tanzform zu zweit:

Aufstellung: zu Paaren frei im Raum.

A-Teil:

Takt	Bewegung
1-4	wechselseitiges Klatschen mit dem Partner
5-8	freies Hüpfen um- und miteinander
1-8	wiederholen

B-Teil:

Takt	Bewegung
1-8	improvisatorische Bewegung frei im Raum,
	am Endes des B-Teiles treffen sich neue Paare

c) Mühlenform:

Aufstellung: Zwei Paare treffen sich zur Mühle – wie das Tänzchen dann aussehen kann, das probieren Sie am besten selbst! Viel Spaß.

Wie anfangs schon erwähnt, ist dies ein vielfach zu gebrauchender Tanz. Nicht nur zu den Jahreszeiten, auch zu Festen (Sommerfest, Geburtstag, Hochzeit) wurde der Text schon umgedichtet.

Hier eine Tanzform für den Elternabend:

d) Erweitere Form im Kreis:

Aufstellung: zu Paaren im Frontalkreis.

A-Teil:

Takt	Bewegung
1	3 x in die eigenen Hände klatschen
2	3 x mit dem eigenen Partner klatschen (sonkrecht gehaltene Handinnenflächen)
3	3 x in die eigenen Hände klatschen
4	3 x mit dem neuen Partner klatschen, rechts bzw., links neben uns
5-8	durchfassen, im großen Kreis nach links im Wechselhüpfer hüpfen

Takt
1-8 wiederholen, evtl. nach rechts hüpfen

B-Teil:

Takt	Bewegung
1	2 Schritte zur Kreismitte, rechts beginnend
2	3 x patschen
3	2 Schritte zurück
4	3 x patschen
5–6	Takt 1-2 wiederholen
7–8	ganze Drehung zurück zum Ausgangsplatz (die rechte Schulter geht zurück)

Im Seitgalopp Text und Melodie: Waltraud Fink-Klein

Im Seit - galopp, im Seit - galopp, da

tan - zen al - le hopp - hopp-hopp, im

Seit - ga-lopp, im Seit - ga-lopp, da

Tan - zen al - le hopp. Im

Krei - se, im Krei - se, dreh'n fröh-lich uns im

Krei - se, im Krei - se, im Krei - se und

C

blei - ben   al - le   steh'n.   Wol- len

klat - schen: klatsch, klatsch, klatsch, – und auch

pat - schen: patsch, patsch, patsch.   –   Wol- len

klat - schen: klatsch, klatsch, klatsch, – und auch

pat - schen: patsch, patsch,   patsch.   –

A. Tanzeinführung

Im Sitzen:

A *Im Seitgalopp, im Seitgalopp,*
da tanzen alle, hopp-hopp-hopp.
Im Seitgalopp, im Seitgalopp,
da tanzen alle hopp.

Die Erzieherin singt und „galoppiert" dazu mit den Händen: von links nach rechts beide Hände gleichzeitig akzentuiert auf- und abbewegen

B *Im Kreise, im Kreise,*
dreh'n fröhlich uns im Kreise,
im Kreise, im Kreise,
und bleiben alle steh'n.

mit beiden Händen ruhig kreisen

einhalten

C *Wollen klatschen:*

Hände zum Klatschen bereithalten

klatsch, klatsch, klatsch,
und auch patschen:

3 x federnd klatschen
Hände über die Oberschenkel halten

patsch, patsch, patsch.

3 x federnd patschen
Wiederholung nach Bedarf

Nun geht es in die Großbewegung: Die Erzieherin steht auf, streckt die Hände zur Kreisfassung aus, und der Tanz beginnt:

B. Tanzbeschreibungen

a) Kreistanz:

A	*Im Seitgalopp, im Seitgalopp, da tanzen alle ...*	Seitgalopp im Uhrzeigersinn
B	*Im Kreise, im Kreise, dreh'n fröhlich uns ...*	Fassung lösen, ruhiger Platzkreis, stehen, zur Kreismitte schauen
C	*Wollen klatschen: klatsch, ...*	Klatsch- und Patsch-Abfolge im Stehen wie oben wiederholen
	Im Seitgalopp, ...	Wiederholung nach Bedarf

Das Tänzchen ist so aufgebaut, daß die Kinder im rhythmisch-dynamischen Seitgalopp ganz in die Bewegung kommen können, beim melodischen Kreisen wieder aus der Bewegung heraus zur Ruhe geführt werden und dann auch im Stehen in der

Lage sind, die rhythmische Klatsch-Patsch-Abfolge zu machen. Somit ist eine mehrmalige Wiederholung des Gesamtablaufes gut möglich und von den Kindern erwünscht. Gibt es bei der Fassung beim Seitgalopp Probleme, so lasse ich die größeren Kinder diesen auch freihändig tanzen (nicht vor 6 Jahren).

Nun noch ein paar Variationen für Fortgeschrittene:

b) Im Paarkreis mit Fassung:

Die Paare stehen sich gegenüber (Innen- und Außenkreis) und fassen sich an beiden Händen.

A Seitgalopp nach links, bei der Wiederholung nach rechts.
B Kreisen zu zweit.
C Klatschen in die eigenen Hände, patschen mit dem Partner (siehe Foto).

c) In der Gasse:

Die Paare stehen sich in der Gasse gegenüber.

A Das erste Paar tanzt durch die Gasse hin und her,
   die anderen stehen und klatschen.
B Die Paare gehen aufeinander zu und kreisen in der Mitte
   der Gasse.
C Klatschen in die eigenen Hände, patschen mit dem Partner.
   Zum Ausgangsplatz zurückgehen.
   Gesamtablauf so lange wiederholen, bis alle durch die Gasse
   getanzt sind.

d) Schellenstäbchen klingen mit:

Dabei galoppieren wir frei im Raum, schütteln das Schellenstäbchen beim Kreisen und spielen statt des Klatschens und Patschens mit ihm in der linken Handinnenfläche und auf dem rechten Oberschenkel.

e) Bunte Bänder tanzen mit:

Wieder tanzen wir frei im Raum, der Bänderstab wird hochgehalten, beim Kreisen kreist er mit, statt Klatschen und Patschen darf er knallen.

Das ist Material für eine lange Zeit. Wichtig ist, daß wir die Kinder nicht mit den Variationen überfluten, sondern mit Bedacht und gut dosiert damit umgehen.

„Die Sonn erregt all's,
macht alle Sterne tanzen,
wirst du nicht auch bewegt,
so g'hörst du nicht zum Ganzen ..."

Angelus Silesius

„Der Pfannkuchen" aus Rußland

3

3.1. Das Märchen und seine Spielmöglichkeiten in der Übersicht

Es lebte einmal ein alter Mann mit seiner Frau. Spricht der Alte: „Geh, Frau, kratz doch mal in der Mehlkammer in Kisten und Kasten und feg auch die Ecken aus, vielleicht langt das Mehl noch für einen Pfannkuchen."

Die Alte nahm einen Gänseflügel, kratzte in der Kiste, fegte im Mehlkasten und brachte tatsächlich zwei Handvoll Mehl zusammen. Sie nahm das Mehl und knetete mit Rahm einen Teig daraus, machte einen Pfannkuchen, buk ihn in Butter und legte ihn aufs Fensterbrett zum Abkühlen. Eine Weile lag der Pfannkuchen ganz still, dann aber kam er ins Rollen – vom Fenster auf die Bank, von der Bank auf dem Fußboden entlang zu(r Türe, dort hüpfte er über die Schwelle in den Hausflur, vom Hausflur rollt er auf die Stufen, von den Stufen hinunter in den Hof, über den Hof zu)* Tür und Tor hinaus ins Freie – und immer so weiter, immer weiter.

Der Pfannkuchen rollt die Straße entlang, da begegnet ihm ein Hase:

„Pfannkuchen, Pfannkuchen, ich fresse dich!"

„Friß mich nicht, Hase, ich will dir ein Liedlein singen:

Bin ein Pfannkuchen fein,
Aus der Kiste gekratzt,
Aus dem Kasten gefegt,
Mit Rahm geknetet,
In Butter gebacken,
Am Fenster gekühlt.
Bin dem Großvater entwischt,
Bin der Großmutter entwischt,

---

* Der in Klammern stehende Text wird im Bewegungsspiel nicht benötigt.

Dir, Hase, aber entwisch' ich erst recht!"
Und eh' sich's der Hase versah, war er die Straße entlang auf
und davon gerollt.
Der Pfannkuchen rollt dahin, da begegnet ihm ein Wolf:
„Pfannkuchen, Pfannkuchen, ich fresse dich!"
„Friß mich nicht, Grauwolf, ich sing dir ein Liedchen:
   Bin ein Pfannkuchen fein,
   Aus der Kiste gekratzt,
   Aus dem Kasten gefegt,
   Mit Rahm geknetet,
   In Butter gebacken,
   Am Fenster gekühlt.
   Bin dem Großvater entwischt,
   Bin der Großmutter entwischt,
   Bin dem Hasen entwischt,
   Dir, Wolf, aber entwisch' ich erst recht!"
Und eh' sich's der Wolf versah, war er die Straße entlang auf
und davon gerollt.
Der Pfannkuchen rollt dahin, da begegnet ihm ein Bär:
„Pfannkuchen, Pfannkuchen, ich fresse dich!"
„Wie willst du, Krummbein, mich wohl fressen?
   Bin ein Pfannkuchen fein,
   Aus der Kiste gekratzt,
   Aus dem Kasten gefegt,
   Mit Rahm geknetet,
   In Butter gebacken,
   Am Fenster gekühlt.
   Bin dem Großvater entwischt,
   Bin der Großmutter entwischt,
   Bin dem Hasen entwischt,
   Bin dem Wolf entwischt,
   Dir, Bär, aber entwisch' ich erst recht!"
Und eh' sich's der Bär versah, war er die Straße entlang auf
und davon gerollt.
Der Pfannkuchen rollt dahin, da begegnet ihm die Füchsin:
„Pfannkuchen, Pfannkuchen, wo rollst du denn hin?
„Ich rollt nur so den Weg entlang."
„Pfannkuchen, Pfannkuchen, sing mir doch ein Liedchen!"
Der Pfannkuchen fing auch gleich zu singen an:
   „Bin ein Pfannkuchen fein,
   Aus der Kiste gekratzt,
   Aus dem Kasten gefegt,

Mit Rahm geknetet,
In Butter gebacken,
Am Fenster gekühlt.
Bin dem Großvater entwischt,
Bin der Großmutter entwischt,
Bin dem Hasen entwischt,
Bin dem Wolf entwischt,
Bin dem Bären entwischt,
Dir, Füchsin, zu entwischen ist auch nicht schwer!"
Die Füchsin aber spricht:
„Ach, ist das ein schönes Lied, leider höre ich schwer.
Pfannküchlein, Pfannküchlein, setz dich doch auf mein Schnäuzlein und sing es mir noch ein zweites Mal, etwas lauter."
Der Pfannkuchen hopste der Füchsin auf die Nase und stimmte sein Lied etwas lauter an.
Und wieder sagte die Füchsin:
„Pfannküchlein, Pfannküchlein, setz dich doch auf mein Zünglein und sing mir nur noch dies eine, letzte Mal dein Liedchen."
Der Pfannkuchen hopste der Füchsin auf die Zunge. Die Füchsin aber – schnapp – hat ihn verschluckt.[8]

Anmerkung:
Dieses heitere Märchen kommt dem Bewegungsbedürfnis der Kinder sehr entgegen. Abgesehen von den vielen Spielmöglichkeiten in der Fein- und Grobmotorik entspricht das ständige Entwischen des Pfannkuchens einem großen Bedürfnis der Kinder in dieser Altersstufe. Auch sie drängen – wie der Pfannkuchen – hinaus, wollen erkunden, schlüpfen immer wieder gerne in eine andere Rolle und lernen somit viel Wesenhaftes kennen und durch das tiefe Verbinden auch lieben.
Gerne spiele ich dieses Märchen mit den Kindern im Frühling, so kann zur Osterzeit das Hasenspiel ausgebaut und ein Osterhasenlied eingefügt werden. -
Beim Spiel mit selbstgebastelten Pfannkuchen aus Papptellern können Stühle und einfache Materialien eingesetzt werden.
Ein Frühlingsreigen gibt unserer Freude Ausdruck und das Reiten zum Müller und zum Bauern ist für die Kinder immer ein willkommenes Bewegungsspiel.

---

[8] Aus: „Märchen aus Rußland", bearbeitet von Alexej N. Tolstoi, Fischer Verlag o. J.

3.2. Vorschläge zum Verlauf einer Spielstunde

3.2.1. Einstimmung mit Lied und Klangspiel
siehe Seite 16.

3.2.2. Hinführung

Heut' rollt einer in die Welt,
in die weite, weite Welt.
Er trifft Tiere, groß und klein,

Handgeste: Rollen (siehe Handgestenspiel), verlangsamen
Tiere mit den Handgesten
(siehe Handgestenspiel)
kommen lassen

wer mag das wohl sein?
Wer rollt da daher?
Ich erzähle euch die Mär!

zu den Kindern sprechen

3.2.3. Spieldurchführung

a) Handgestenspiel:

Es lebte einmal ein alter
Mann mit seiner Frau. Spricht
der Alte: „Geh, Frau, kratz
doch mal in der Mehlkammer
in Kisten und Kasten und feg
auch die Ecken aus. Vielleicht
langt das Mehl noch für einen
Pfannkuchen."

zu den Kindern sprechen

Die Alte nahm einen Gänseflügel,

die rechte Hand mit dem
imaginären, zwischen Daumen
und Zeigefinger gehaltenen
Gänseflügel in Brusthöhe halten

kratzte in der Kiste,

in der bereitgehaltenen linken
Hand 2 x kratzen

fegte im Mehlkasten

mit den Fingerkuppen
der rechten Hand in der linken
Hand hin- und herfegen

und brachte tatsächlich zwei
Handvoll Mehl zusammen.

Beide Hände zu einer Schale
formen, das Mehl darin
anschauen

Sie nahm das Mehl

Hände langsam öffnen und das Mehl langsam auf die Oberschenkel rinnen lassen

und knetete mit Rahm einen Teig daraus,
machte einen Pfannkuchen,
buk ihn in Butter

auf den Oberschenkeln kneten

den Pfannkuchen formen
die Finger der waagrecht zusammengelegten Hände (Handinnenflächen nach oben) zappeln lassen

und legte ihn aufs Fensterbrett zum Abkühlen.

Hände strecken, den „Pfannkuchen" mit einem kleinen Bogen nach vorne legen, ruhighalten und hineinblasen

Eine Weile lag der Pfannkuchen ganz still,
dann aber kam er ins Rollen –
vom Fenster auf die Bank,

den Pfannkuchen anschauen, leise sprechen
Hände senkrecht in Rollstellung bringen umeinanderrollen, auf die Bank hopsen

von der Bank auf den Fußboden
den Fußboden entlang
zu Tür und Tor hinaus ins Freie –
und so weiter, immer weiter.

etwas tiefer rollen
immer weiter vorwärts rollen

mit der rechten Hand in die Ferne deuten

Der Pfannkuchen rollt die Straße entlang,

Rollbewegung neu ansetzen: in Brusthöhe gemächlich weiterrollen

da begegnet ihm ein Hase:

Handgeste „Hase" aufnehmen: Mittel- und Ringfinger der senkrecht gehaltenen rechten Hand treffen abwärts den nach oben gestreckten Daumen; Zeige- und Ringfinger schauen nach oben, der Hase hoppelt daher: die Hasenhand bewegt sich in kleinen Bögen von rechts nach links

„Pfannkuchen, Pfannkuchen, ich fresse dich!"

Stehen bleiben, beim Sprechen die Hasennase = Daumen, Zeige- und Mittelfinger leicht bewegen

„Friß mich nicht, Hase,

Geste: „Pfannkuchen" = beide Hände waagrecht zusammenlegen

ich will dir ein Liedlein singen:

Bin ein Pfannkuchen fein,	leicht hin- und herschaukeln
aus der Kiste gekratzt,	2 x leicht in der linken Hand kratzen (Zeigefinger der rechten Hand) mehr Richtung Zeigefinger
aus dem Kasten gefegt,	mit den Fingerkuppen der rechten Hand in der linken Hand hin- und herfegen
mit Rahm geknetet,	mit beiden Händen auf den Oberschenkeln kneten
in Butter gebacken,	die Finger der waagrecht gehaltenen Hände zappeln lassen
am Fenster gekühlt.	Hände strecken, den Pfannkuchen in einem leichten Bogen nach vorne legen, ruhighalten und hineinblasen
bin dem Großvater entwischt,	Beide Hände (Handinnenflächen nach unten) nach links etwa in Augenhöhe nebeneinander bereithalten mit einem Impuls im Bogen nach rechts fahren
bin der Großmutter entwischt	Bewegung siehe oben
dir, Hase,	Handgeste „Hase" aufnehmen
aber entwisch' ich erst	Entwischgeste vorbereiten
recht!"	entwischen (siehe oben)
Und eh' sich's der Hase versah,	beide Hände an die Stirne halten
war der Pfannkuchen	die senkrecht gehaltenen Hände
auf und davon gerollt.	schnell umeinanderrollen dabei etwas vorwärtskommen
Der Pfannkuchen rollt dahin,	Rollbewegung neu ansetzen: in Brusthöhe gemächlich weiterrollen
da begegnet ihm ein Wolf:	Handgeste „Wolf" aufnehmen: Ziege- und Mittelfinger der rechten Hand laufen schnell auf den Oberschenkeln daher, die anderen Finger sind eingerollt
„Pfannkuchen, Pfannkuchen,	stehen bleiben, Finger
ich fresse dich!"	am Platz leicht bewegen
„Friß mich nicht, Grauwolf,	Geste: „Pfannkuchen"
ich sing dir ein Liedchen:	aufnehmen

Bin ein Pfannkuchen fein,   Pfannkuchenlied siehe oben
aus der Kiste gekratzt,
aus dem Kasten gefegt,
mit Rahm geknetet,
in Butter gebacken,
am Fenster gekühlt.
Bin dem Großvater entwischt,
bin der Großmutter entwischt,
bin dem Hasen entwischt,
dir, Wolf,   Handgeste „Wolf" aufnehmen
aber entwisch' ich erst   Entwischgeste vorbereiten
recht!"   entwischen (siehe oben)
Und eh' sich's der Wolf versah,   Hände an die Stirn
war er die Straße entlang   schnelles Weiterrollen
auf und davon gerollt.

Der Pfannkuchen rollt dahin,   Gemächliches Rollen
da begegnet ihm ein Bär: Handgeste „Bär" mit beiden
                                           Händen lautlos auf den Ober-
                                           schenkeln daherkommen
„Pfannkuchen, Pfannkuchen,   stehenbleiben
ich fresse dich!"   1 x ruhig mit dem Kopf nicken

„Wie willst du Krummbein   Geste „Pfannkuchen"
mich wohl fressen?   aufnehmen

Bin ein Pfannkuchen fein,   Pfannkuchenlied wiederholen
aus der Kiste gekratzt,
aus dem Kasten gefegt,
mit Rahm geknetet,
in Butter gebacken,
am Fenster gekühlt.
Bin dem Großvater entwischt,
bin der Großmutter entwischt,
bin dem Hasen entwischt,
dir, Bär,   Handgeste „Bär" aufnehmen
aber entwisch ich erst   Entwischgeste vorbereiten
recht!"   entwischen

Und eh' sich's der Bär versah,   Hände an die Stirn
war er auf und davon gerollt.   schnelles Weiterrollen

Der Pfannkuchen rollt dahin,   gemächliches Rollen
da begegnet ihm die Füchsin: Handgeste „Füchsin" die senk-
                                           recht gehaltene rechte Hand

	wird in Schlängelbewegungen von links nach rechts geführt (langsam)

„Pfannkuchen, Pfannkuchen,
wo rollst du denn hin?"
„Ich rollt nur so den Weg entlang." Rollbewegungen aufnehmen
„Pfannkuchen, Pfannkuchen, Geste „Füchsin" aufnehmen
sing mir doch ein Liedchen!"
Der Pfannkuchen fing auch gleich Geste „Pfannkuchen"
zu singen an: aufnehmen

„Bin ein Pfannkuchen fein, Pfannkuchenlied siehe oben
aus der Kiste gekratzt,
aus dem Kasten gefegt,
mit Rahm geknetet,
in Butter gebacken,
am Fenster gekühlt.
Bin dem Großvater entwischt,
bin der Großmutter entwischt,
bin dem Hasen entwischt,
bin dem Wolf entwischt,
bin dem Bären entwischt,
dir, Füchsin, zu entwischen Handgeste „Füchsin"
ist auch nicht schwer. aufnehmen
Die Füchsin aber spricht: Handgeste „Füchsin"
„Ach, ist das ein schönes Lied, beibehalten
leider höre ich schwer.
Pfannküchlein, Pfannküchlein,
setz dich doch auf mein
Schnäuzlein und sing es mir noch
ein zweites Mal, etwas lauter."

Der Pfannkuchen Geste „Pfannkuchen"
 aufnehmen
hopste der Füchsin auf die Nase mit einer schwungvollen
 Bewegung den Pfannkuchen
 in Richtung Nase werfen,
 diese mit den Fingerkuppen
 leicht berühren

und stimmte sein Lied etwas
lauter an:

Bin ein Pfannkuchen fein ...

Und wieder sagte die Füchsin: Handgeste „Füchsin"
„Pfannküchlein, Pfannküchlein, aufnehmen

setz dich doch auf mein Zünglein
und sing mir nur noch dies eine,
letzte Mal dein Liedlein."

Der Pfannkuchen	Geste: „Pfannkuchen" aufnehmen
hopste der Füchsin auf die Zunge.	mit einer schwungvollen Bewegung den Pfannkuchen in Richtung Mund werfen
Die Füchsin aber –	zu den Kindern schauen
schnapp! –	nach dem Pfannkuchen schnappen
hat ihn verschluckt.	beide Hände erstaunt nach außen führen

b) Bewegungsspiel im Raum:

Der Pfannkuchen und die Tiere

So erzähl die Mär!	Handgestenspiel ausklingen lassen
Der Pfannkuchen rollt daher.	Rollgeste in den Händen aufnehmen, Übergang zum Raumbewegungsspiel

flüssig

Text und Melodie: Waltraud Fink-Klein

1. Rol - le - rol - le - rol - le - ran,

rol - le ich die Straß' ent- lang.

ruhig

Blei - be steh'n, blei - be steh'n,

hab' den Ha - sen hier ge- seh'n.

Lied singen, Rollgeste beibehalten, dazu frei im Raum laufen.

Langsam werden, stehen, Hasenohren anlegen.

Der Hase:

Hoppel-hoppel-hoppel-Has,
hoppelt durch das grüne Gras.
Hoppel-Has, Hoppel-Has,
hoppelt durch das Gras.

Hände bleiben als Hasenohren
an der Stirn, mit geschlossenen
Beinen überall herumhopsen
(kleine Schlußsprünge)

Pfannkuchen, ich fresse dich!
Nein, nein, nein,
mich kriegst du nicht!

stehen, schnappen
abwinken

2. Rolle-rolle-rolle-ran,

Lied singen, Rollgeste
aufnehmen

rolle ich die Straß' entlang,
rolle-rolle-rolle-ran,
rolle ich die Straß' entlang.

fortrollend laufen

Bleibe steh'n, bleibe steh'n,
hab den Wolf hier geseh'n.

langsam werden, stehen,
Wolfspfoten anlegen: Hände in
Brusthöhe hängenlassen

Der Wolf:

Lauf, lauf, lauf, der Wolf
läuft schnell.
Lauf, lauf, lauf,
ganz schnell, ganz schnell.
Lauf, lauf, lauf, der Wolf
läuft schnell,
lauf, lauf, lauf,
steh auf der Stell.

Pfoten laufend bewegen, dazu
Beine mit kleinen Schritten
laufen lassen

stehen

Pfannkuchen, ich fresse dich!
Nein, nein, nein,
mich kriegst du nicht!

schnappen
abwinken
Rollgeste aufnehmen

3. Rolle-rolle-rolle-ran,
rolle ich die Straß' entlang.
Rolle-rolle-rolle-ran,
rolle ich die Straß' entlang.

Lied singen, rollend laufen

Bleibe steh'n, bleibe steh'n,
hab den Bären hier geseh'n.

langsam werden, stehen
Bär: breitbeinig stehen, den
Oberkörper leicht nach vorne
gebougt, die Arme sind halbrund nach unten geöffnet

Der Bär:

Der Brummelbär, der Brummelbär,
trottet, trottet froh daher,
der Brummelbär, der Brummelbär
trottet froh daher.

trotten: behäbig, das Gleichgewicht verlagernd gehen,
Oberkörper schwankt leicht mit

Pfannkuchen, ich fresse dich!
Nein, nein, nein,
mich kriegst du nicht!

stehen, schnappen
abwinken
Rollgeste aufnehmen

4. Rolle-rolle-rolle-ran,
rolle ich die Straß' entlang.
Rolle-rolle-rolle-ran,
rolle ich die Straß' entlang.

Lied singen, rollend laufen

Bleibe steh'n, bleibe steh'n,
hab die Füchsin hier geseh'n.

langsam werden, stehen
die Hände führen die Schleich-
bewegung der schlauen

Die Füchsin:
Die Füchsin schleicht
aus ihrem Bau,
schleiche-schliche-
schleiche-schlau,
schleiche-schliche-schlau,
schleicht sie aus ihrem Bau.

Füchsin an: senkrecht gehalten
schlängelt sieden Körper
nachfolgend durch den Raum

„Pfannkuchen, Pfannkuchen,
wo rollst du denn hin?

stehen

Ich rollt nur so den Weg
entlang.

Rollgeste aufnehmen

Pfannkuchen, Pfannkuchen,
sing mir doch ein Liedchen!"

Handgeste „Füchsin"
aufnehmen

„Bin ein Pfannkuchen fein,
aus der Kiste gekratzt,
aus dem Kasten gefegt,
mit Rahm geknetet,
in Butter gebacken,
am Fenster gekühlt.
Bin dem Großvater entwischt,
bin der Großmutter entwischt,
bin dem Hasen entwischt,
bin dem Wolf entwischt,
bin dem Bären entwischt,
dir, Füchsin, zu entwischen
ist auch nicht schwer!"

Pfannkuchenspiel im Kreis
stehend (siehe Seite 35)
wiederholen

Die Füchsin aber spricht: ...

Märchen stehend mit den
Handgesten zu Ende erzählen
(siehe Seite 37/38)

... Die Füchsin aber – schnapp –
hat ihn verschluckt.

STILLE

Da holt die Großmutter	Beide Hände als Schild an die Stirn legen, nach der Großmutter schauen, zum
im Haus	Haus gehen, Hausdach über dem Kopf formen, sich setzen
wieder ihren Gänseflügel raus.	

c) Kratz- und Fegelied mit Federn:

Austeilen: die Erzieherin bringt ein hohes Körbchen oder eine Dose mit Federn herbei, holt sich eine heraus und fängt damit zu kratzen und zu fegen an:
– an der Handkante,
– auf dem Stuhl,
– am Boden ...

Wir kratzen mit dem Federlein,
es muß kein Gänseflügel sein!
Sucht euch gleich einen heraus,   die Erzieherin geht herum
dann fegen und kratzen   und hält den Kinder die Federn
wir den Mehlkasten aus.   zum Aussuchen hin

diese Reime sind Hilfen, natürlich können die Federn auch ohne diese ausgeteilt werden

Freies Spiel mit den Federn: nun suchen sich die Kinder ihre Mehlkästen, kratzen und fegen wo sie gerne wollen

Gemeinsames Spiel mit Reim:
Kratz-kratz-kratz,   die Erzieherin spricht den Reim
kratz-kratz-kratz,   in einem günstigen Moment,
    kratzt dazu im Rhythmus auf
    dem Stuhl, die Kinder fallen ein
fegen, fegen.   Feder umdrehen und mit der
    Spitze fegen, horchon, wieder-
    holen. Dann folgt nochmals das
Kratz-kratz-kratz,   herzhafte Kratzen mit dem
kratz-kratz-kratz,   Federkiel
fegen, fegen.   Feder umdrehen, fegen

Wiederholen des Fegens und Kratzens nach Bedarf

Zwei Handvoll Mehl
waren im Kasten,
zwei Handvoll Mehl,
keiner muß fasten.

Feder weglegen, beide Hände
zu kleinen Schalen formen,
hineinschauen

Der Reim wird zum Lied:

Text und Melodie: Waltraud Fink-Klein

rhythmisch

Kratz - kratz - kratz,   kratz - kratz - kratz,

weich   *froh*

fe - gen,   fe - gen.   Zwei Hand-voll   Mehl

wa - ren   im   Ka - sten,   zwei   Hand-voll

Mehl,   kei - ner   muß   fa - sten.

Federn einsammeln:
Genug gekratzt und gefegt!   Spielabschluß

Da kann Großmutter nächste
Woche einen schönen
Pfannkuchen draus backen.

Die Federn sammle ich   herumgehen, die Dose oder
wieder ein,   das Körbchen hinhalten
sie sollen in ihrer Dose sein.

Ruhen:
Nach der Arbeit woll'n wir ruh'n,   ruhig sprechen
heute gab es viel zu tun.

Die Erzieherin summt ganz aus der Ruhe heraus diese kleine
Melodie.

3.2.4. Verabschiedung mit Lied siehe Seite 17

3.3. Spielesammlung

3.3.1. „Der Pfannkuchen rollt die Straße entlang"

Die Erzieherin bringt eine große Schachtel mit „Pappteller-
Pfannkuchen" herbei. Aus dieser holt sie einen Pappteller heraus und läßt ihn durch den Raum rollen.
    Nun nennt sie zwei Kinder beim Namen, diese suchen sich
ein Plätzchen und setzen sich mit gespreizten Beinen gegenüber
in einiger Entfernung auf den Boden. Der „Pfannkuchen" rollt
zwischen beiden hin- und her.

So werden immer mehr Paare plaziert, bis alle Kinder beim
Rollspiel dabei sind. (Das geht relativ schnell – der Vorteil des
Herbeirufens ist, daß die Kinder gut verteilt im Raum sind und
somit ungestörter spielen können.)

Variationen:
- wir legen uns vor dem Rollen eine Straße mit Kordeln
- wir bauen dazu einen Tunnel mit einem Stuhl
- der Tunnel vergrößert sich dadurch, daß ein Tisch neben den
  Stuhl gestellt wird
- wir legen Hindernisse in den Weg: Hölzchen, Steine…
  darüber hüpft unser Pfannkuchen.

Damit dieses sehr freie Spiel nicht in eine Materialschlacht oder
in ein Chaos ausartet, ist es günstig, nicht alles auf einmal anzubieten. Oftmals gehe ich herum und gebe den Kindern nach und

nach in aller Ruhe etwas hinzu – dies holen sie dann bei der Spielwiederholung schon selber her. Oder es wird verkündet, daß der Pfannkuchen heute gleich durch einen Tunnel rollen muß, und die Kinder nehmen bei der Platzsuche schon Entsprechendes mit.

Sorgfältig räumen wir dann alles wieder ein und stellen den Pfannkuchen wieder in den Karton hinein.

3.3.2. Bastelanleitung:

Einfache Art:
Zwei Pappteller werden mit der Unterseite aufeinandergelegt, durch beide werden mit einem Dosenmilchstupfer in gleichmäßigen Abständen drei Löcher gestupft. Das ist wichtig, sonst eiert der Pfannkuchen oder kippt immer um. In die Löcher stecken wir Briefklammern und biegen diese ganz fest um.
　　Diese Teller sind auf den nebenstehenden Fotos zu sehen; mit ihnen kann man relativ leicht spielen.

Etwas komplizierter:
Bei der zweiten Bastelart wird das Spiel anspruchsvoller; die Kinder können den Pfannkuchen selber gestalten: Wir verwenden solche Pappteller, welche außen nicht präpariert sind und somit gut mit Bunt- oder Wachsstiften bemalt werden können. Die andere, bemalte Seite bleibt nun außen sichtbar – wir heften die Teller also gerade umgekehrt wie bei der einfachen Art zusammen. Die gut verteilten Löcher und Klammern kommen an den Rand – vielleicht darf innen drin noch ein Schellchen mitlaufen –, und unser Pfannkuchen rollt auf der Schmalseite mit Geschick sehr gut in die Welt hinein.

3.3.3. „Der Frühling ist da!"

Reigen mit Frühlingstüchern und Musik

Text: Volksgut · Melodie: Waltraud Fink-Klein

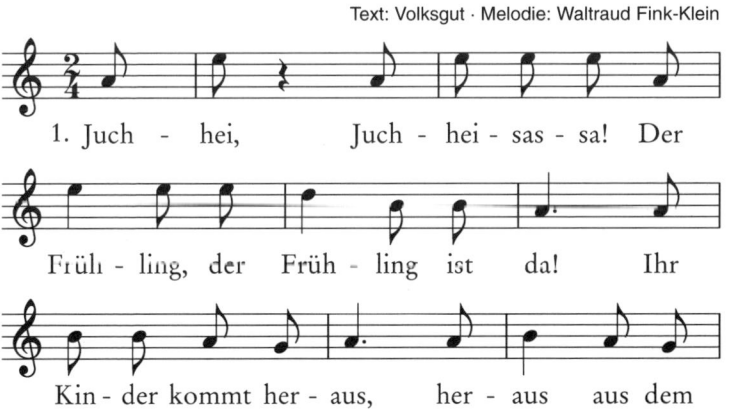

1. Juch - hei, Juch - hei - sas - sa! Der

Früh - ling, der Früh - ling ist da! Ihr

Kin - der kommt her - aus, her - aus aus dem

Haus! Her - aus aus den Stu - ben, ihr

Mäd-chen und Bu-ben! Der Früh - ling, der

Früh - ling ist da!

a) Wir tanzen einen Reigen:

Wir stehen im Kreis, die Erzieherin singt und tanzt:

Juchhei, Juchheisassa!	Federnd in die Hände klatschen, bei: „hei" Arme im Kreis nach außen führen, dazu je einen kleinen Freudensprung am Platz machen
Der Frühling, der Frühling ist da!	ruhige Drehung am Platz, die Arme halbrund mitführen, rechte Schulter führt zurück
Ihr Kinder kommt heraus, heraus aus dem Haus.	im Frontkreis stehend die Kinder herbeiwinken (im Metrum)
Heraus aus den Stuben, ihr Mädchen und Buben!	schnelles Laufen im Uhrzeigersinn auf der Kreisbahn
Der Frühling, der Frühling ist da.	ruhiges Kreisen am Platz (wie oben)

Manche Kinder haben sicher schon mitgetanzt, nun laden wir alle dazu ein.

b) Ausschmücken mit Frühlingstüchern:

Das Tänzchen ist bekannt, diesmal liegen in der Raummitte für jedes Kind zwei Frühlingstücher am Boden. Nach und nach suchen sich die Kinder Tücher in ihren Lieblingsfarben aus, und nun kann der Reigen mit den duftigen, luftigen Tüchlein (aus Nylon, in der Mitte locker geknotet) beginnen.

Zum Abschluß des Reigens lassen wir eine Blume wachsen: Die dünnen Tüchlein werden ganz klein in die Hände geknüllt, beim Öffnen derselben kommen schöne Blumen hervor, diese setzen wir in unser Blumenbeet in der Raummitte.

Nun tanzen wir unseren Reigen nochmals um das Beet herum.

3.3.4. „Kein Stäubchen Mehl ist mehr im Haus!"

Fahrt zum Müller:

Die Alte nahm einen Gänseflügel, kratzte in der Kiste, fegte im Mehlkasten,	Handgesten (siehe Seite 33)
aber – es war kein Stäubchen Mehl mehr zu finden.	zu den Kindern schauen, Kopf verneinend schütteln
Da spricht die Großmutter:	Hände auf die Oberschenkel legen
„Kein Stäubchen Mehl ist mehr im Haus, bitte, fahr zum Müller raus und hole Mehl für unsern Kasten, sonst müssen wir wohl doch noch fasten!"	
	aufstehen
Großvater schirrt das Pferdchen an,	Geste: Geschirr anlegen
spannt den Wagen hintendran,	sich umdrehen, Wagen zeigen
wirft den leeren Mehlsack auf,	Sack draufwerfen
nun, mein Pferdchen,	sich wieder umdrehen
lauf, lauf, lauf!	3 x die Zügel schütteln
Hopp-hopp-hopp, im Galopp, an den Wiesen, hopp-hopp-hopp, bei den Feldern im Galopp, hopp-hopp-hopp, im Galopp.	galoppieren, die Erzieherin galoppiert voran im großen Bogen im Raum herum
Brrr – mein Pferdchen, halt jetzt an, wir sind hier beim Müllersmann.	stehen
Bist gut gelaufen, sollst hier verschnaufen.	schnaufen

„Grüß Gott, lieber Müller,	sich grüßend verbeugen
ich bitte dich	Hände bittend aufheben
um Mehl aus deiner Mühle	mahlen
für Großmutter und mich."	
„Leider hab' ich nichts im Haus,	abwinken, Hausdach über dem Kopf formen
fährst du mit mir zum Bauern raus?"	zum Bauern hinzeigen
„Setz dich auf meinen Wagen drauf.	aufsitzen
Nun, mein Pferdchen,	
lauf, lauf, lauf!"	3 x die Zügel schütteln

Fahrt zum Bauern:

Hopp-hopp-hopp,	galoppieren
im Galopp,	
an den Wiesen, hopp-hopp-hopp,	
bei den Feldern im Galopp,	
hopp-hopp-hopp,	
im Galopp.	

Brrr – mein Pferdchen,	stehen
halt jetzt an,	
wir sind schon beim Bauersmann.	
Bist gut gelaufen,	
sollst hier verschnaufen.	schnaufen

„Grüß Gott, lieber Bauer,	sich grüßend verbeugen
wir bitten dich	Hände bittend aufheben
um Korn von deiner Ernte	(Hände zur Schale formen)
für die Großeltern und mich."	
„Ja, seht,	auf die Erde zeigen
hier wird das Korn gesät,	säen
es reift heran	Wachsgeste mit beiden Händen von unten nach oben
und wird gemäht,	mähen
gedroschen und auch eingebracht,	
viel fleißige Hände haben's	abwechselnd auf die Ober-
vollbracht.	schenkel patschen, Schale formen, Hände ineinanderlegen
Wir leiden keine Not	Kniesitz, Hände in den Schoß legen
und danken unserm Gott:	dankend nicken

Du läßt die liebe Sonne scheinen

Text: Volksgut · Melodie: Waltraud Fink-Klein

Du läßt die lie-be Son-ne schei-nen, schaffst Re-gen auch zu sei-ner Zeit und segnest dei-ne schö-ne Er-de mit Wachstum und mit Frucht-bar-keit.

Bewegungen: Sonne seitlich aufgehen lassen, von oben herab regnen lassen, Hände segnend hochhalten, Geste des Wachsens (Alles mit beiden Händen).

So leiden wir auch keine Not   Hände in den Schoß legen
und danken unserm Gott."   danken nicken
    aufstehen,
„Nun tragen wir die Säcke schwer   Säcke aufheben, gebeugt
zu dem Pferdewagen her,   langsam gehen
korngefüllte Säcke schwer,
tragen wir daher.
Laden auf – laden auf –.   auf den Wagen laden
Tragen noch mehr Säcke schwer   zu den Säcken gehen
zu dem Pferdewagen her,   aufheben, schwer
korngefüllte Säcke schwer   tragend gehen
tragen wir daher.
Laden auf – laden auf.   auf den Wagen laden
Geladen sind die Säcke schwer
Lieber Bauer, komm nun her!   herbeiwinken
Wir wollen bezahlen   Bezahlgeste
und weitergeh'n,   in die Ferne zeigen
vergelt's dir Gott   dankend nicken, winken
und auf Wiederseh'n!

Setzen sich auf den Wagen drauf,	aufsitzen
nun mein Pferdchen, zieh und lauf!	3 x die Zügel schütteln
Mußt nun ziehen schwer	Langsam und beschwerlich
Säcke hinterher	gehen, gedehnt sprechen,
und dazu noch heut	besonders
auch zwei Männersleut	die unterstrichenen Worte

Brrr – mein Pferdchen,	stehen
halt jetzt an,	
wir sind schon beim Müllersmann.	
Bist gut gelaufen,	
sollst hier verschnaufen.	schnaufen

Laden ab – laden ab.	Säcke abladen
Nun tragen wir die Säcke schwer	schultern und zur Mühle (Raum-
zu der Mühle her,	mitte) tragen, zurückgehen
korngefüllte Säcke schwer	noch einen Sack holen
tragen wir daher.	
Laden ab – laden ab.	abladen
korngefüllte Säcke schwer	schultern, tragen
tragen sie daher.	abstellen, in Kniesitz gehen

In der Mühle:

Riesel-reisel-reisel-raus	einen Sack unten anpacken
der Müller leert schon einen aus	und ausschütteln: Handgelenke
	ganz locker nach unten halten
	und schütteln
in die große Mühle rein,	Kreis mit beiden Armen
	beschreiben
die Mühlensteine mahlen fein:	Hände waagerecht, Handinnen-
	flächen zeigen nach unten
Mühle, mahle, Mühle, mahle,	beide Hände leicht über-
mahle Mehl aus diesem Korn.	einander mahlend bewegen
Mühle, mahle, Mühle, mahle,	
Mühle mahle Mehl.	

So leiden wir auch keine Not	Hände in den Schoß legen
und danken unserm Gott.	danken nicken

Lied:

Melodie und Bewegung
siehe oben

Du läßt die liebe Sonne scheinen
schaffst Regen auch zu seiner Zeit
und segnest deine gute Erde
mit Wachstum und mit Fruchtbarkeit.

	aufstehen
Einen großen Mehlsack schwer	einen Sack schultern
trägt Großvater zum Wagen her.	zum Wagen gehen, aufladen
Ich will nun bezahlen	Bezahlgeste,
und weitergeh'n,	in die Ferne zeigen
vergelt's dir Gott	dankend nicken, winken
und auf Wiederseh'n!	

Setzt sich auf den Wagen drauf,   aufsitzen

nun mein Pferdchen,
lauf, lauf, lauf!   3 x die Zügel schütteln

Heimfahrt:
Hopp-hopp-hopp,   galoppieren
im Galopp,
an den Wiesen, hopp-hopp-hopp,
bei den Feldern im Galopp,
hopp-hopp-hopp,
im Galopp.

Brrr – mein Pferdchen,   stehen
halt jetzt an,
daß ich abladen kann.   absteigen
Wir sind zu Haus',   ruhig sprechen
warst mein Braver, ruh nun aus.   loben

Ich lade ab den Mehlsack schwer   abladen
trage ihn zum Häuschen her,   schultern, tragen
in die Mehlkammer hinein   absetzen
und schütte es in den Kasten rein. unten anfassen und
                                      ausschütteln (Handgelenke)
Da ruht der Großvater im Haus   sich auf den Stuhl setzen,
sich erst einmal gründlich aus.   die Arme verschränken

Die Großmutter setzt sich dazu,   neben sich zeigen
ihr Abendlied singen sie zur Ruh:

Das Abendlied   aus dem Odenwald

Zart singen,
sich leicht
dazu wiegen

1. Nun wol - len wir sin - gen das A - bend - lied und bit - ten, daß Gott uns be - hüt'.

2. Daß Gott uns behüt, bis die Nacht vergeht. Kommt singet das Abendgebet!
3. Es leuchten viel Sterne wohl jegliche Nacht, der Herrgott im Himmel hält Wacht.

Mit größeren Kindern kann dieses Spiel bald in der Rollenverteilung gespielt werden: Die Erzieherin ist die Großmutter und geht mit ihrer Bitte auf ein Kind, das den Großvater spielt, zu. Dieser schirrt (mit einer Pferdeleine) ein von ihm ausgesuchtes „Pferdchen" an, und so kommen diese beiden zum Müllersmann. Dieser wird begrüßt, sitzt auf und so geht es gemeinsam zum Bauern. Wieder kommt ein Kind hinzu, und wenn es von der Arbeit spricht und sein Danklied singt, spielen und singen alle Kinder mit. Dann geht es wieder heim, und die Großmutter kann einen Pfannkuchen backen. Bei der Spielwiederholung sind in den Einzelrollen jeweils andere Kinder an der Reihe. Dies ist vor allem bei Gruppen, welche sehr wild sind sehr konzentrationsfördernd, denn hier kann nicht in der Gruppe untergetaucht werden.

Kleinere Kinder brauchen das Geborgensein in der Gruppe noch sehr – größere Kinder aber auch diese höhere Anforderung.

3.4. Vorschläge zum Spielstundenaufbau

In der zweiten Spielstunde kann nach der Einstimmung gleich die Feder ausgeteilt und damit gekratzt und gefegt werden. Dazu erklingt das Kratz- und Fegelied (siehe Seite 42). Wir legen vor Beginn des Handgestenspieles die Feder griffbereit neben uns. So kann sie zum Kratzen und Fegen herbeigeholt werden, wenn die Großmutter das Mehl zusammenkratzt. (Beim Lied des Pfannkuchens habe ich die Feder nicht dazugenommen, damit der Bewegungsfluß nicht unterbrochen wird.)

Danach folgt das Bewegungsspiel im Raum mit dem Lied „Rolle-ran" und den Tieren. Anschließend soll der Pappteller-pfannkuchen rollen – vielleicht erst einmal ohne, dann mit Materialien: Kordeln als Straße und ein Stuhl als Tunnel. Nach dem Aufräumen singen wir im Kreis das Schlußlied.

Die dritte Spielstunde beginnt nach der Einstimmung mit einem fröhlichen Frühlingstänzchen „Juchhei"! Dann bastelt sich jedes Kind seinen Pfannkuchen aus Papptellern. Diese müssen nach der Fertigstellung gleich die Straße entlangrollen. Vielleicht haben sie sogar schon Hindernisse zu überwinden.

Nach dem Aufräumen ist die Spielstunde zu Ende, wir verabschieden uns mit dem Schlußlied.

Die vierte Spielstunde könnte nach der Einstimmung mit den Rollenspielen beginnen. Danach bringen wir unsere Frühlingsfreude im Tänzchen „Juchhei!" zum Ausdruck, welches mit feinen Tüchern getanzt wird. Diese legen wir danach als Blumen in die Kreismitte, den Garten, und helfen dann der Großmutter beim Pfannkuchenbacken – wir spielen das Handgestenspiel und beziehen heute das Raumbewegungsspiel mit ein!

Zum Abschluß singen wir das Ruhelied.

In der fünften Spielstunde ist kein Mehl mehr im Kasten, Großvater schirrt das Pferdchen an und macht sich auf die Reise. Danach heißt uns das Abendlied zur Ruhe kommen, und am anderen Tag kann Großmutter wieder backen. Das Frühlingstänzchen schließt mit dem Schlußlied die Stunde ab.

Natürlich muß in der sechsten Spielstunde das Spiel mit dem Pferdchen, dem Müller und dem Bauern wiederholt werden, und vielleicht rollt unser Papptellerpfannkuchen noch einmal durch die Straßen – je nach Wiederholungsbedürfnis der Kin-

der. Sogar eine siebten Spielstunde ist denkbar, zu der wir Gäste einladen, welche dann ab und zu mitspielen dürfen!

Zur Belohnung gibt es dann einen guten Pfannkuchen. Das Abendlied schließt unsere kleine Feier.

4.1. Das Märchen und seine Spielmöglichkeiten in der Übersicht

Es lebten einmal ein Hühnchen und ein Hähnchen. Das Hähnchen fand beim Scharren ein Böhnchen.

„Tuk-tuk-tuk, mein Hühnchen, komm, schluck das Böhnchen!"

„Tuk-tuk-tuk, mein Hähnchen, schlucke es nur selber!"

Das Hähnchen schluckte das Böhnchen, es blieb ihm aber im Halse stecken. Da rief es seinem Hühnchen zu:

„Geh, Hühnchen, hinab zum Flüßchen, bring mir etwas Wasser zum Trinken!"

Das Hühnchen läuft zum Flüßchen:

„Flüßchen, Flüßchen gib mir etwas Wasser; Hähnchen erstickt an einem Böhnchen!"

Das Flüßchen spricht:

„Geh zur Linde, bitt' um ein Blättchen, dann gebe ich dir Wasser."

Das Hühnchen läuft zur Linde:

„Linde, Linde, gib mir ein Blättchen! Das Blättchen bringe ich dem Flüßchen, das Flüßchen gibt mir Wasser zum Trinken fürs Hähnchen; Hähnchen erstickt an einem Böhnchen."

Die Linde spricht:

„Geh zum Mädchen, bitt um ein Fädchen!"

So läuft das Hühnchen weiter:

„Mädchen, Mädchen, gib mir ein Fädchen! Das Fädchen bring' ich der Linde, die Linde gibt mir ein Blättchen, das Blättchen bring' ich dem Flüßchen, das Flüßchen gibt mir Wasser zum Trinken fürs Hähnchen; Hähnchen erstickt an einem Böhnchen."

Das Mädchen antwortet:

„Geh zu den Kammachern, bitt' um einen Kamm, dann werd' ich dir ein Fädchen geben."

Das Hühnchen kommt zu den Kammachern gelaufen:

„Kammacher, Kammacher, gebt mir einen Kamm! Den Kamm bring' ich dem Mädchen, das Mädchen gibt mir ein Fädchen, das Fädchen bring' ich der Linde, die Linde gibt mir ein Blättchen, das Blättchen bring' ich dem Flüßchen, das Flüßchen gibt mir Wasser zum Trinken fürs Hähnchen; Hähnchen erstickt an einem Böhnchen."

Die Kammacher sagen:

„Geh zu den Brezelbäckern, die sollen uns Brezeln geben."

Das Hühnchen läuft zu den Brezelbäckern:

„Brezelbäcker, Brezelbäcker, gebt mir Brezeln! Die Brezeln bring' ich den Kammachern, die Kammacher geben mir einen Kamm, den Kamm bring' ich dem Mädchen, das Mädchen gibt mir ein Fädchen, das Fädchen bring' ich der Linde, die Linde gibt mir ein Blättchen, das Blättchen bring' ich dem Flüßchen, das Flüßchen gibt mir Wasser zum Trinken fürs Hähnchen; Hähnchen erstickt an einem Böhnchen."

Die Brezelbäcker sagen:

„Geh zu den Holzhackern, sie sollen uns Holz geben."

Das Hühnchen läuft zu den Holzhackern:

„Holzhacker, Holzhacker, gebt mir Holz! Das Holz bring' ich den Brezelbäckern, die Brezelbäcker geben mir Brezeln, die Brezeln bring ich den Kammachern, die Kammacher geben mir einen Kamm, den Kamm bring' ich dem Mädchen, das Mädchen gibt mir ein Fädchen, das Fädchen bring ich der Linde, die Linde gibt mir ein Blättchen, das Blättchen bring' ich dem Flüßchen, das Flüßchen gibt mir Wasser zum Trinken fürs Hähnchen; Hähnchen erstickt an einem Böhnchen."

Die Holzhacker geben Hühnchen das Holz.

Hühnchen bringt das Holz den Brezelbäckern, die Brezelbäcker geben dem Hühnchen Brezeln, die Brezeln bringt es den Kammachern, die Kammacher geben ihm einen Kamm, den Kamm bringt es dem Mädchen, das Mädchen gibt ihm ein Fädchen, das Fädchen bringt es der Linde, die Linde gibt ihm ein Blättchen, das Blättchen bringt es dem Flüßchen, das Flüßchen gibt ihm Wasser fürs Hähnchen.

Das Hähnchen trinkt und schluckt das Böhnchen hinunter. Da kräht das Hähnchen: „Ki-ke-ri-kii!"

Anmerkung:
Dieses rhythmische Märchen enthält wieder eine Vielfalt an Spielmöglichkeiten. Alle Einzelspiele können ganz für sich und unabhängig von dem Märchen gespielt werden. Die Verbindung stellt hier das Hühnchen mit seinen Wünschen dar, die Einzelspiele sind eigene Schöpfungen – das Mädchen tanzt gerne mit dem Fädchen, der Bäcker bäckt täglich seine Brezeln, ebenso arbeiten der Kammmacher und der Holzhacker, die Linde läßt ihre Blätter fallen und das Flüßchen das Wasser fließen.

Wer sich aber nun die Mühe machen will, das Märchen auswendigzulernen, eignet sich wieder einen großen Schatz an, mit dem über lange Zeit gespielt werden kann.

Wer dazuhin noch gerne bastelt und ein Schattenspiel macht, vielleicht sogar mit den Kindern, kann sich noch stärker mit dem Märchen verbinden. In der Herbstzeit ist ein Schattenspiel sehr schön – selbst meine Schulkinder waren davon so begeistert, daß sie das Märchen weitergedichtet und dazu noch eigene Figuren gebastelt haben.

Beim Schattenspiel ist es auch möglich, daß eine Person vorliest und die andere spielt. Dazu ist viel Ruhe und eine gute Organisation wichtig, denn wenn die Figuren nicht griffbereit sind, schadet dies dem Spielverlauf.

Außerdem können wieder zur Bewegung Materialien und Klangspiele verwendet werden; das bereichert das Spiel und ermöglicht die Wiederholung.

4.2. Vorschläge zum Verlauf einer Spielstunde

4.2.1. Einstimmung mit Lied und Klangspiel
siehe Seite 16

4.2.2. Hinführung

Die Erzieherin singt und spielt den Kindern „Das Lied von Hühnchen und Hähnchen" vor.

Das Lied vom Hühnchen und Hähnchen

Text und Melodie: Waltraut Fink-Klein

Das Hühn - chen und das Hähn - chen, das

ist ein lus - tig' G'spann! Das Hühn - chen

hilft dem Hähn-chen, so gut, wie es nur kann!

Tuk - tuk, ki - ke - ri - ki!

4.2.3. Spieldurchführung

a) Das Lied von Hühnchen und Hähnchen:

Das Hühnchen	Handgeste wie Seite 60, bei: Hühnchen
und das Hähnchen	Handgeste wie Seite 60, bei: Hähnchen
das ist ein lustig' G'spann!	Hände locker im Handgelenk drehen
Das Hühnchen hilft	Hühnchen alleine bewegen
dem Hähnchen	Hähnchen alleine bewegen
so gut, wie es nur kann!	aufeinander zugehen lassen
Tuk-tuk,	Hühnchenschnabel geht 2 x auf und zu
ki-ke-ri-ki!	Hähnchenschnabel geht auf

*Was das Hühnchen für das
Hähnchen alles macht
erzählt uns das Märchen –
gebet acht!*

b) Handgestenspiel:

Es lebten einmal ein Hühnchen

sich den Kindern zuwenden,
Handgeste „Hühnchen":
Zeigefinger und Daumen
der rechten Hand bilden
zusammengelegt
den Schnabel, die anderen
Finger sind bis zum mittleren
Fingerglied aufgestellt

und ein Hähnchen.

Handgeste „Hähnchen":
Schnabel wie beim Hühnchen
in der linken Hand, die übrigen
Finger zum Hahnenkamm
hochstrecken, beide schauen
zueinander

Das Hähnchen
fand beim Scharren

Handgeste „Hühnchen" auf-
lösen, zum Hähnchen schauen,
rechte Hand an die Spitze des
linken Ellenbogens am Hand-
gelenk halten, so wird diese
zum Scharrfuß, Fingernägel
scharren

ein Böhnchen.

vorderes Fingerglied
der rechten Hand wird zum
Böhnchen, nach unten hängen
lassen

„Tuk-tuk-tuk, mein Hühnchen,
komm, schluck das Böhnchen!"

Hähnchenschnabel geht auf
und zu

„Tuk-tuk-tuk, mein Hähnchen,
schlucke es nur selber!"
Das Hähnchen schluckte
das Böhnchen,

Hühnchengeste rechts,
Schnabel auf und zu
Rechte Hand wird zum Böh-
chen, der Hähnchenschnabel
nimmt es vorne auf

es blieb ihm aber im Halse
stecken.
Da rief es seinem Hühnchen zu:
„Geh, Hühnchen, hinab zum
Flüßchen, bring mir etwas
Wasser zum Trinken!"
Das Hühnchen läuft zum
Flüßchen:

still halten, zu den Kindern
schauen

Geste „Hähnchen mit Böh-
chen" auflösen, Hühnchengeste
in der rechten Hand aufnehmen
und gehen lassen (nach links)

„Flüßchen, Flüßchen,

stehen, Schnabel geht
auf und zu

gibt mir etwas Wasser;	beide Hände zu einer Schale formen, Handkanten stoßen zusammen
Hähnchen erstickt an einem Böhnchen!"	Geste „Hähnchen mit Böhnchen" aufnehmen
Das Flüßchen spricht:	Geste „Flüßchen": beide Hände machen Wellen, die waagerecht nebeneinander gehaltenen Hände werden in Bögen von links nach rechts geführt
„Geh zur Linde,	mit beiden Armen über dem Kopf eine Baumkrone formen (leicht zugespitzt)
bitt um ein Blättchen,	rechte Hand wird zum Blättchen: es fällt kreisend vom Baum = drehende Abwärtsbewegung im Handgelenk, Handinnenfläche nach unten
dann geb ich dir Wasser."	Geste „Schale"
Das Hühnchen läuft zur Linde:	Hühnchengeste; Hühnchen
„Linde, Linde,	geht, steht, spricht
gib mir ein Blättchen!	Geste: „Blättchen" (Geste
Das Blättchen bringe ich	Hühnchen auflösen)
dem Flüßchen, das Flüßchen	Geste „Flüßchen"
gibt mir Wasser zum Trinken	Geste „Wasser"
fürs Hähnchen;	Geste „Hähnchen"
Hähnchen erstickt an einem	Geste „Hähnchen mit
Böhnchen."	Böhnchen"
Die Linde spricht:	Geste „Linde"
„Geh zum Mädchen,	Geste „Mädchen": Mit beiden Händen den Kopf (ohne Berührung) umfahren, Hände weiter am Kleid entlang führen
bitt um ein Fädchen!"	mit den Daumen und Zeigefingern von beiden Händen den imaginären Faden waagrecht von der Mitte aus nach außen führen
So läuft das Hühnchen weiter:	Hühnchengeste; Hühnchen
„Mädchen, Mädchen,	geht, steht, spricht
gibt mir ein Fädchen! Das Fädchen	Fädchengeste 2x
bring ich der Linde,	Geste „Linde"
die Linde gibt mir ein Blättchen,	Geste „Blättchen"
das Blättchen bring ich	
dem Flüßchen, das Flüßchen	Geste „Flüßchen"
gibt mir Wasser zum Trinken	Geste „Wasserschale"

fürs Hähnchen,
Hähnchen erstickt an einem
Böhnchen!"

Geste „Hähnchen"
Geste „Hähnchen mit
Böhnchen"

Das Mädchen antwortet:
„Geh zu den Kammachern,

bitt' um einen Kamm,

dann werd' ich dir ein Fädchen
geben."
Das Hühnchen kommt zu den
Kammachern gelaufen:
„Kammacher, Kammacher,
gebt mir einen Kamm!

Geste „Mädchen"
Geste „Kammacher": rechte
Hand wird zur Säge, in der
linken Hand sägen
linke Hand senkrecht gespreizt
hochhalten
Geste „Fädchen"

Geste „Hühnchen", gehend

stehen, sprechen
alle Gesten wiederholen

„Den Kamm bring' ich dem Mädchen,
das Mädchen gibt mir ein Fädchen,
das Fädchen bring' ich der Linde,
die Linde gibt mir ein Blättchen,
das Blättchen bring' ich dem Flüßchen,
das Flüßchen gibt mir Wasser
zum Trinken fürs Hähnchen;
Hähnchen erstickt an einem Böhnchen."

Die Kammacher sagen:
„Geh zu den Brezelbäckern,

sie sollen uns Brezeln geben."

Geste „Kammacher"
Geste „Brezelbäcker": mit
beiden Händen auf den Oberschenkeln kneten
Geste „Brezeln": zusammengelegten Daumen und Zeigefinger beider Hände berühren
sich senkrecht in der Luft,
ebenso die anderen Finger im
Halbrund darüber

Das Hähnchen läuft zu den
Brezelbäckern:
Brezelbäcker, Brezelbäcker,
gebt mir Brezeln! Die Brezeln
bring ich den Kammachern,
die Kammacher geben mir einen Kamm,
den Kamm bring' ich dem Mädchen,
das Mädchen gibt mir ein Fädchen,
das Fädchen bring' ich der Linde,
die Linde gibt mir ein Blättchen,
das Blättchen bring' ich dem Flüßchen,

Gesten wiederholen

*das Flüßchen gibt mir Wasser
zum Trinken fürs Hähnchen;
Hähnchen erstickt an einem Böhnchen."*
Die Brezelbäcker sagen:
„Geh zu den Holzhackern,   Geste „Holzhacker": mit beiden
                                        Händen Holz hacken
sie sollen uns Holz geben."   Geste „Holz": beide Hände
                                        übereinanderlegen
                                        (aufgeschichtetes Holz)
Das Hühnchen läuft zu den   Gesten wiederholen
Holzhackern.
*„Holzhacker, Holzhacker, gebt mir Holz!
Das Holz bring' ich den Brezelbäckern,
die Brezelbäcker geben mir Brezeln,
die Brezeln bring' ich dem Kammmachern,
die Kammacher geben mir einen Kamm,
den Kamm bring' ich dem Mädchen,
das Mädchen gibt mir ein Fädchen,
das Fädchen bring' ich der Linde,
die Linde gibt mir ein Blättchen,
das Blättchen bring' ich dem Flüßchen,
das Flüßchen gibt mir Wasser
zum Trinken fürs Hähnchen,
Hähnchen erstickt an einem Böhnchen."*

*Die Holzhacker geben dem Hühnchen das Holz.
Hühnchen bringt das Holz den Brezelbäckern,
die Brezelbäcker geben Hühnchen Brezeln,
die Brezeln bringt es den Kammachern,
die Kammacher geben ihm einen Kamm,
den Kamm bringt es dem Mädchen,
das Mädchen gibt ihm ein Fädchen,
das Fädchen bringt es der Linde,
die Linde gibt ihm ein Blättchen,
das Blättchen bringt es dem Flüßchen,
das Flüßchen gibt ihm Wasser fürs Hähnchen.*

Das Hähnchen trinkt   aus der Wasserschale trinken
und schluckt das Böhnchen   Schnabel hochnehmen,
hinunter.   öffnen und schließen
Da kräht das Hähnchen: sich den Kindern zuwenden
„Ki-ke-ri-ki!"   krähen.

c) Das Lied von Hühnchen und Hähnchen im Raum:
Lied siehe Seite 59

Aufstehen, Gesten zum Lied aufnehmen und bei:
„… das ist ein lustig' G'spann!" frei im Raum hüpfen, dann stehend das Lied weiterspielen und singen. Wiederholung – auch innerhalb des Liedes – nach Bedarf.

d) Das Flüßchen:

Das Hühnchen läuft, so schnell es kann	Handgeste „Hühnchen" beibehalten, geschwind im Raum herumlaufen
und kommt schon bei dem Flüßchen an.	auslaufen lassen
Staunend bleibt es steh'n, um zu hören	stehen, in den Kniesitz kommen Hand hörend ans Ohr legen
und zu seh'n:	beide Hände als Schild an die Stirn legen, zum Flüßchen am Boden schauen

Das Flüßchenlied Text und Melodie: Waltraud Fink-Klein

Das Flüß-chen trägt Was-ser, es fließt im-mer-fort, es flie-ßet und strö-met von Ort zu Ort. Wir la-ben uns dran und hö-ren es an: *Arpeggien Harfenspiel*

Handgesten:

Das Flüßchen trägt *Wasser, es fließt* *immerfort,* *es fließet* *und strömet von Ort* *zu Ort.*	Singen und Bewegen: Beide Hände parallel in Wellen- bewegungen von links nach rechts auf- und abführen. Handinnenflächen zeigen nach unten
Wir laben uns dran *und hören es an:*	mit beiden Händen Wasser schöpfen, trinken, rechte Hand langsam zum Ohr führen
(Harfenspiel)	sich hinneigen, horchen

Die Erzieherin holt eine Harfe herbei und spielt Arpeggien. Auf der pentatonisch gestimmten Choroi-Kinderharfe klingt dies besonders schön, da hier die Halbtöne fehlen und somit keine Reibungen entstehen. Die Erzieherin streicht in einer Richtung über alle Saiten – dem Fließen des Flüßchens entsprechend – und horcht nach mehrmaligem Wiederholen dem Klang nach.

Wenn es die Gruppe erlaubt, geht sie nun von Kind zu Kind und spielt über jedem einmal. Dies bringt die Kinder zum Zuhören, denn die meisten Kinder lieben dieses Harfenspiel und warten geduldig, bis diese ganz nah bei ihnen erklingt.

Die Harfe wird wieder weggelegt.

„Flüßchen, Flüßchen, *gib mir etwas Wasser,* *Hähnchen erstickt* *an einem Böhnchen!"* *Das Flüßchen spricht:* *„Geh zur Linde,* *bitt um ein Blättchen,* *dann gebe ich dir Wasser."*	Handgesten aufnehmen, siehe oben

e) Die Linde:

Das Hühnchen läuft, *so schnell es kann,* *das Hühnchen läuft,* *so schnell es kann,* *und kommt schon* *bei der Linde an.*	Handgeste „Hühnchen" aufnehmen, geschwind im Raum herumlaufen auslaufen lassen

Staunend bleibt es steh'n,	stehen
um zu hören	Hand ans Ohr legen
und zu seh'n:	Hände an die Stirn legen

Lindenblättertanz im Wind:

Zum Lindenbaum,	mit beiden Händen eine Baum-krone formen,
da kommt der Wind:	herbeiwinken, beide Hände an
er bläst – und bläst –	den Mund legen und in
und bläst geschwind.	verschiedene Richtungen blasen
Die Blätter und die Blüten dran,	beide Hände als Blätter locker
die fangen gleich zu tanzen an.	aus dem Handgelenk herunter-hängen lassen, abwechselnd auf rechten und linken Daumen (= Blüten) zeigen
Huia, heißa, lieber Wind,	hin- und herschaukeln, Hände
tanzen wir mit dir geschwind.	zusammen- und auseinander-bewegen
Der Wind, der läuft nach Haus,	Wind weglaufen lassen: blasen
das Tänzchen, das ist aus!	Blätter hängen still, sich ihnen nickend zuwenden
	Gesamtablauf wiederholen
Nun bin ich allein der Wind,	die Kinder werden nun einzeln
und blase alle an geschwind!	angeblasen
(oder: ... verteilt euch nur	wenn die Bäume besser
geschwind!)	verteilt stehen müssen

Die Erzieherin spielt den Wind:

Zum Lindenbaum	alle Kinder sind Bäume, verteilt im Raum stehend, Baumkrone zeigend
da kommt der Wind:	Erzieherin läuft herbei
Er bläst – und bläst –	alle Bäumen werden
und bläst geschwind.	angeblasen
Die Blätter und die Blüten dran,	Handgeste „Blatt und Blüten"
die fangen gleich zu tanzen an.	Erzieherin bläst immer weiter

Huia, heißa, lieber Wind,   Kinder bewegen sich zum Tanz
tanzen wir mit dir geschwind.   am Platz mit ihrem „Blättern
                                     und Blüten"
Der Wind, der läuft nach Haus,   Erzieherin läuft immer
                                     schwächer blasend weg
das Tänzchen, das ist aus.   die Blätter hängen still,
                                     die Kinder stehen

                                     Wiederholung nach Bedarf

Die Kinder spielen den Wind:

Gerne möchten auch die Kinder Wind sein und die Erzieherin anblasen. Manche Kinder möchten lieber weiter als Blatt tanzen, diese werden dann nochmals von den anderen Kindern angeblasen und tanzen mit der Erzieherin mit:

Zum Lindenbaum ...   siehe oben

Das Hühnchen spricht: Kinder um sich scharen, im
„Linde, Linde, gib mir ein   Kniesitz auf den Boden setzen,
Blättchen, das Blättchen bring' ich Handgestenspiel zu Ende
dem Flüßchen, das Flüßchen   spielen, Text und Bewegungen
gibt mir Wasser fürs Hähnchen;   wie oben
Hähnchen erstickt
an einem Böhnchen."
Die Linde spricht:
„Geh zum Mädchen, ..."

... „Ki-ke-ri-kii!"

Das Lied vom Hühnchen und Hähnchen im Raum (siehe Seite 64) singen und spielen wir, dann formieren wir uns zum Schlußkreis und sagen uns auf Wiederseh'n:

4.2.4. Verabschiedung mit Lied siehe Seite 17

4.3. Spielesammlung

4.3.1. Das Flüßchen

a) Das Flüßchenlied: Melodie siehe Seite 64

b) Handgesten:

Das Flüßchen trägt Wasser, *es fließt immerfort,* *es fließet und strömet* *von Ort zu Ort.*	Singen und Bewegen: Beide Hände parallel in Wellen- bewegungen von links nach rechts auf- und abführen, Hand- innenflächen zeigen nach unten
Wir laben uns dran *und hören es an:* *(Harfenspiel)*	Mit beiden Händen Wasser schöpfen, trinken, rechte Hand langsam zum Ohr führen, sich hinneigen, horchen

c) Harfenspiel der Kinder

Nach mehrmaligem Wiederholen des Flüßchen-Liedes mit dem Harfenspiel der Erzieherin hält diese jedem Kind die Harfe hin, so daß es darüber streichen kann, und alle horchen dem Klang nach. So geht dies langsam und lauschend vor sich, ganz aus der Ruhe heraus. Hat die Erzieherin schon immer zart und im Bo- gen wieder nach oben ausseztend gespielt, so werden es die Kin- der ebenso tun.

d) Bewegungsspiel im Raum:

Das Flüßchen trägt Wasser, *es fließt immerfort,* *es fließet und strömet* *von Ort zu Ort.*	wir bewegen uns auf- und abschaukelnd als Flüßchen frei im Raum, die Wellen- bewegungen in den Händen werden wieder aufgenommen
Wir laben uns dran	stehen bleiben, Wasser schöpfen, trinken
und hören es an:	Hand zu Ohr führen, lauschen
(Harfenspiel)	Erzieherin spielt bei jedem Kind, oder hält jedem Kind die Harfe zum Spiel hin

Später kann jedes Kind ein „Wasserband" (verschiedene Blautöne) bekommen. Es wallt mit bei den Wellen und liegt beim Laben und Horchen am Boden.

4.3.2. Der Lindenbaum

Nachdem das Handgestenspiel und das Bewegungsspiel im Raum öfters gespielt wurden, bekommt nun jeder Wind einen Baum, d. h., verteilen wir nun die Rollen.

Spiel mit verteilten Rollen:
Die Hälfte der Kinder stellt Lindenbäume dar, die andere Hälfte den Wind. Die Erzieherin teilt die Kinder auf.

Die Maria	herbeirufen
soll ein Lindenbaum sein,	
ich pflanze sie an ihrem	an dem von dem Kind
Lieblingsplatz ein.	gefundenen Platz die Erde
	anhäufeln, andrücken;
	zunächst halten die Kinder die
	Arme noch nicht als Äste hoch,
	wenn die Hälfte der Gruppe
	eingepflanzt ist, gehen die
	Arme als Äste erst hoch
Nun sucht sich der Georgwind	ein Windkind nach dem anderen
seinen Lindenbaum geschwind.	sucht sich seinen Baum
Zum Lindenbaum,	Winde wehen gehend um ihrem
da kommt der Wind:	Baum
er bläst – und bläst –	Hände an den Mund legen,
und bläst geschwind.	die Bäume rundherum anblasen
Die Blätter und die Blüten dran,	Baumkinder bewegen licht
	tanzend ihre Hände
die fangen gleich zu tanzen an.	die Winde blasen weiter
Huia, heißa, lieber Wind,	die Kinder bewegen sich mehr
tanzen wir mit dir geschwind.	am Platz tanzend im Wind
Huia, heißa, lieber Wind,	
tanzen wir mit dir geschwind.	
Der Wind, der läuft	Winde laufen weg, blasen
nach Haus,	immer weniger
das Tänzchen, das ist aus!	Bäume stehen still

Nun wird getauscht – wer vorher Wind war, ist nun ein Baum. Bei der Spielwiederholung spielt nun die Erzieherin *Instrumente* ein:

Der Wind kommt auf einer Okarina – zuerst zart und leise, dann etwas heftiger, wird dann wieder leiser und ist dann nicht mehr zu hören.

Die Blätter tanzen zum Glockenspiel: Eine improvisierte Melodie begleitet ihre Bewegungen.

Heute musizieren zwei Kinder mit der Erzieherin: ein Kind bekommt eine Okarina, das andere ein Glockenspiel. Bei der nächsten Spielwiederholung spielen zwei Paare die Instrumente (evtl. erst in der nächsten Spielstunde). Natürlich müssen alle Kinder einmal musizieren dürfen, das teilt die Erzieherin so geschickt ein, daß das Spiel trotzdem nicht überdehnt wird.

4.3.3. Das Mädchen

Jedes Mädchen bekommt ein Fädchen.

Erzieherin geht herum und gibt jedem Kind (auch den Buben) einen Baumwollfaden, ca. 50 cm lang, verschiedene Farben.

Fädchen-Tanzlied Text und Melodie: Waltraud Fink-Klein

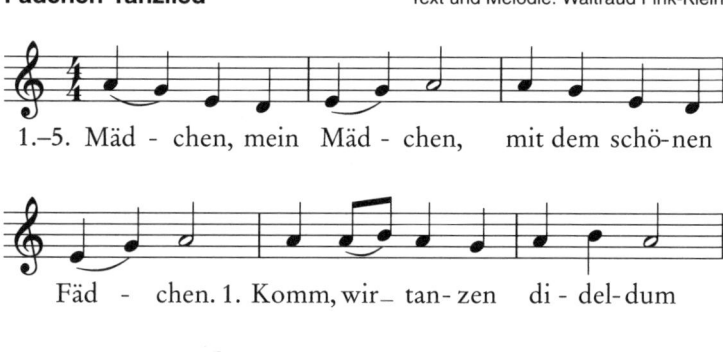

1.–5. Mäd - chen, mein Mäd - chen, mit dem schö-nen Fäd - chen. 1. Komm, wir_ tan- zen di - del-dum im - mer - zu im Kreis her - um.

Refrain (1.–5) jeweils wiederholen

2. Komm, wir ge - hen in der Schlan - ge,

da - bei wird uns gar nicht ban - ge.

3. Komm, wir ge - hen durch das Tor,

kom - men fröh - lich wie - der vor.

4. Komm, wir ge - hen mit - ten - rein,

s'Fäd - chen pen - delt, leuch - tet fein.

5. Rück - wärts ge - hen al - le Mäd - chen,

dre - hen, dre - hen mit dem Fäd - chen.

*Mit dem schönen Fädchen
legt ein Bild das Mädchen.*

*Legt sich dazu
und hält Ruh'.*

*Der liebe Wind
weht und kühlt das Kind.*

Alle setzen sich nieder
und legen mit ihrem Faden
ein Gebilde.
daneben ruhen

Erzieherin kommt mit dem
Riedgrasfächer und macht über
jedem Kind sachte Wind

Bewegungen: Alle sitzen
mit den Fädchen in der Hand
auf ihrem Stuhl im Halbkreis

*1. Mädchen, mein Mädchen
mit dem schönen Fädchen.*

*Komm, wir tanzen dideldum
immerzu im Kreis herum.*

*Mädchen, mein Mädchen,
mit dem schönen Fädchen.*

die Erzieherin nimmt den
Faden an beiden Enden waagrecht gespannt und geht herum,
bleibt am Ende der Liedziele
vor einem Kind stehen
das Kind hält sein Fädchen
ebenso, sie drehen sich
zusammen im kleinen Kreis
nun geht jede herum und sucht
sich singend ein neues
Mädchen
solange ausschwärmen, bis alle
Kinder miteinander tanzen

*2. Mädchen, mein Mädchen...
Komm, wir gehen in der Schlange
dabei wird uns gar nicht bange.*

*Mädchen, mein Mädchen
mit dem schönen Fädchen.
Komm, wir gehen in der Schlange,
dabei wird uns gar nicht bange.*

*3. Mädchen, mein Mädchen ...
Komm, wir gehen durch das Tor,*

kommen fröhlich wieder vor.

stehen bleiben
die Erzieherin winkt die Kinder
zur Schlange herbei, der Faden
wird nun in einer Hand losgelassen und beim Nachbarskind
angefaßt
in der Schlange gehen

Strophe mit Refrain mehrmals
singen
stehen bleiben
die beiden letzten Kinder
bleiben als Tor stehen
nehmen ihre Arme hoch,
daß alle anderen durchgehen
können, Fädchen nicht
loslassen

Mädchen, mein Mädchen
mit dem schönen Fädchen.
Komm, wir gehen durch das Tor,
kommen fröhlich dann hervor.

Weitersingen, bis alle durch-
gegangen sind, die Erzieherin
führt zum großen Kreis
zusammen

4. Mädchen, mein Mädchen ...
Komm, wir gehen mittenrein,
s' Fädchen pendelt

leuchtet fein.

im großen Kreis stehen bleiben
zur Mitte gehen
Fädchen des Nachbarn
loslassen
hin- und herpendeln

5. Mädchen, mein Mädchen ...
Rückwärts gehen alle Mädchen,
drehen, drehen mit dem Fädchen.

weiterpendeln oder ruhig stehen
rückwärts zurückgehen
Drehung alleine am Platz,
das Fädchen schwingt mit

Anmerkung: Das Fädchen kann
auch erst in der 5. Strophe
losgelassen werden!

Nun kommt das Ruhen: Wir legen mit dem Faden ein Bild, legen sich selbst dazu und dürfen den Wind des Riedgrasfächers
genießen!

Nach mehrmaligem Wiederholen spielt die Erzieherin das
Fädchen-Tanzlied auf der Flöte, die Kinder tanzen dann alleine
– in mehreren Schlangen (je nach Platz 3 bis 4), so daß jedes
Kind einmal anführen darf. Dies gelingt aber nur, wenn das
Tänzchen wie „im Schlaf" getanzt werden kann!

4.3.4. Die Kammacher

Wir sägen, wir sägen,
wir sägen das Holz,

wir sägen und sägen
und zeigen es stolz:

mit dem rechten Arm sägen:
im Rhythmus vor-
und zurückbewegen

So geht unsere Arbeit an
für einen Kamm,
mit dem man sich schön
machen kann.

mit beiden Händen zeigen,
Handgeste „Kamm"
kämmen

Wir schmirgeln,	an der Handaußenfläche reiben
wir schmirgeln,	
wir schmirgeln das Holz,	
wir schmirgeln und schmirgeln	
und zeigen es stolz:	
So geht die Arbeit	Handgeste „Kammacher"
weiter voran	
für einen Kamm,	
mit dem man sich schön	kämmen
machen kann.	

Wir schnitzen, wir schnitzen,	an der Handinnenkante
wir schnitzen das Holz,	schnitzen
wir schnitzen und schnitzen	
und zeigen es stolz:	
So geht die Arbeit	Handgeste „Kammacher"
weiter voran	
für einen Kamm,	
mit dem man sich schön	kämmen
machen kann.	

Wir ölen, wir ölen,	mit dem Zeigefinger ölen
wir ölen das Holz,	
wir ölen und ölen	
und zeigen es stolz:	
Nun ist die Arbeit getan,	
hier ist ein Kamm,	
mit dem man sich schön	
machen kann.	

Vielleicht dürfen die Kinder nach diesem Spiel einmal wirklich mit Holz umgehen: sägen (oder raspeln), schmirgeln und dann ölen – es können ganz phantasievolle Gebilde entstehen. Einen richtigen Kamm herzustellen, ist ein bißchen schwer.

4.3.5. Die Brezelbäcker

Wir backen heute Brezeln,	Brezelgeste aufnehmen
seht nur her,	nach recht und links zeigen
lauter leck're Brezeln,	den Magen reiben
es ist gar nicht schwer.	die Hände wechselseitig auf-
	und abreiben (fast senkrecht)

Lied der Brezelbäcker   Text und Melodie: Waltraud Fink-Klein

1. Mehl__ und__ He - fe   setz - ten wir   an,__
2. Rüh - ren__ Salz und   But - ter hin - ein,__
3. Stel - len__ ihn in   die Wär-me dann,__
4. For - men__ Bre-zeln   groß und__   klein,__
5. Ho-len die duf-ten-den   Bre - zeln__   raus,__
6. Seg - ne__ Va-ter   uns die - se - Spei - se

daß   der__ Vor teig   ge - hen__   kann.__
kne   ten,__ kne - ten,   kne - ten__   fein.__
daß   er__   wie der   ge - hen__   kann.__
schie - ben__ sie in   den O - fen   rein.__
das   wird__ bald ein   lek - ke - rer Schmaus.__
uns   zur__ Kraft und   dir zum__   Prei - se.

Bewegungsmöglichkeiten:

*a) Lied im Stuhlkreis singen und die entsprechenden Gesten
dazu machen:*

1. Mehl	aus der Schale (beide Hände an den Kleinfingerseiten halbrund zusammenlegen) schütten wir das Mehl auf unsere Oberschenkel
und Hefe setzen wir an	„Hefe" mit den Fingern zerkrümeln
daß der Vorteig gehen kann.	beide Hände schützend über den Vorteig halten
2. Rühren Salz und Butter hinein,	mit der rechten Hand rühren
kneten, kneten, kneten fein.	mit beiden Händen auf den Oberschenkeln kneten

3. *Stellen ihn in*
die Wärme dann,

den Teig mit beiden Händen
aufnehmen, an anderer Stelle
ablegen

daß er wieder gehen kann.

Hände etwas hochnehmen,
dann wieder beschützend
über den Teig legen

4. *Formen Brezeln*
groß und klein,

eine große Brezel in die Luft
zeichnen, eine kleine in der
Brezelgeste formen

schieben sie in den
Ofen rein.

auf beiden Händen die Brezeln
nach vorne (in den Ofen)
schieben

5. *Holen die duftenden*
Brezeln heraus,

gleiche Bewegung wie zuvor,
rückwärts, abstellen,
daran riechen

das wird bald ein
leckerer Schmaus.

den Magen reiben

6. *Segne Vater uns*
diese Speise,

Hände segnend hochhalten

uns zur Kraft
und dir zum Preise.

Hände zusammenlegen, etwas
drücken, mit beiden Händen
einen Kreis beschreiben

b) Bewegungsspiel im Raum:

Wir backen heute Brezeln,
seht nur her,

Brezelgeste
frei im Raum herumgehen,
Brezeln zeigen

lauter leck're Brezeln,
es ist gar nicht schwer.

stehen bleiben, Magen reiben
frei im Raum hüpfen, dabei wie
vorher die Hände auf-
und abreiben

1. *Mehl und Hefe ...*

da, wo man gerade
angekommen ist, Lied singen
und die Bewegungen dazu
machen (knieend)

Wir backen heute Brezeln ...

Brezelgeste machen, aufstehen,
wiederholen

2. *Rühren Salz und Butter ...*
Wir backen heute Brezeln ...

knien, singen und bewegen

3. Stellen ihn in die ...	einen Teig aufnehmen und singend an einen anderen Platz stellen, Gesten wiederholen
Wir backen heute Brezeln ...	
4. Formen Brezeln ...	stehend formen, einschieben
Wir backen heute Brezeln ...	
5. Holen die duftenden ...	herausholen usw.
Wir backen heute Brezeln ...	
Segne, Vater, ...	Wir stellen uns in den Kreis und reichen uns die Hände

Nach diesem Spiel im Raum kann nun jedes Kind einen Backplatz erhalten, zu dem es immer wieder zurückkehrt: dieser kann ein Reifen sein oder ein Stuhl mit einem weißen Tüchlein bedeckt oder ein kleiner Tisch am Rand des Raumes.

Sind genügend Tücher vorhanden, können diese als Teig und zum Formen der Brezeln verwendet werden. Dann brauchen wir natürlich auch ein Backbrett!

4.3.6. Die Holzhacker

a) Hacken (alleine)

Holz-	Geste „Holzhacken": beide
hacker,	Hände an die rechte Schulter
Holz-	halten, mit jeder Silbe mit
hacker,	dem imaginären Beil hacken,
hacken	bzw. diese hochnehmen,
das Holz,	(langsam), rhythmisch, aber nicht hart sprechen
Holzhacker	Ablauf wiederholen

b) Stapeln (alleine)

Wir stapeln das Holz ganz hoch hinauf	Stapelgeste: immer abwechselnd eine Hand über die andere legen
ein Scheit nach dem andern kommt oben drauf.	Handinnenflächen nach unten, immer höher stapeln

Gut gestapelt, *gut gestapelt,*	mit beiden Händen (Hand- innenflächen) die Holzwand leicht andrücken
da kann's gleich weitergeh'n!	zu einem „Hackklotz" (Tisch) gehen

c) Hacken am Hackklotz:

Holzhacker, *Holzhacker* *hacken das Holz.*	alle hacken gemeinsam am Hackklotz

d) Stapeln gemeinsam

Wir stapeln das Holz *ganz hoch hinauf,* *ein Scheit nach dem andern* *kommt obendrauf.*	neben dem Hackklotz wird gestapelt – eine Kinderhand nach der anderen
Gut gestapelt, *gut gestapelt,* *da kann's gleich weitergeh'n.*	Erzieherin drückt die Holzwand leicht an

e) Holzhacken und Stapeln mit Xylophon

Holzhacker, *Holzhacker* *hacken das Holz.*	gleichzeitig mit dem Aufschlag in der Handgeste spielen wir einen tiefen Xylophonton
Wir stapeln das Holz *ganz hoch hinauf,* *ein Scheit nach dem andern* *kommt obendrauf.*	eine Tonleiter hochspielen bei jeder Stapelbewegung einen Ton
Gut gestapelt, *gut gestapelt,* *für heute ist genug getan!*	mit den flachen Händen leicht an das Xylophon drücken

4.3.7. Hilfen zum Bau eines einfachen Schattenspieles

Als Rahmen kann die Kartonverpackung eines Bilderrahmens dienen. Diese gibt es in verschiedenen Größen; sie können so aufgeklappt werden, daß man sie gut als Bühne aufstellen kann. Ein paar Steine als Befestigung lassen das Ganze noch stabiler werden.

Wir schneiden vorne unseren „Bildschirm" aus und kleben Pergamentpapier ein. Eine hinter dem Spieler aufgestellte Leuchte spendet Licht für den Schattenwurf. Manchmal reicht sogar das Sonnenlicht aus, wenn das Spiel so aufgestellt werden kann, daß die Sonne hineinstrahlt.

Die Figuren sollen im Verhältnis zur Bühne die passende Größe haben und am besten von der Seite gemalt werden, weil man sie dann besser erkennen kann. Ein umgeknickter Haltestab aus festem Karton ermöglicht eine relativ leichte Führung im Sitzen. Die Figuren müssen in der Reihenfolge ihres Vorkommens in der Geschichte auf einem oder zwei Nebentischen (Figuren rechts, Gaben links) bereitliegen, damit das Spiel in Ruhe und ohne unnötige Suche vonstatten gehen kann.

Hier ein paar Bilder mit meinen Figuren:

4.4. Vorschläge zum Spielstundenaufbau

1. Spielstunde: siehe oben

2. Spielstunde:

A. Begrüßung
B. Spiellied: „So laßt uns ..." mit Klangspiel
C. Spieldurchführung:

1. Handgestenspiel: Das Böhnchen
a) mit den Kindern spielen
b) Nachklang: Lied vom „Hühnchen und Hähnchen"

Übergang: Das Hühnchen läuft zum Flüßchen.

2. Das Flüßchen
a) mit Handgeste und Lied
b) Bewegungsspiel im Raum mit Lied
c) mit Saiteninstrument

Übergang: „Flüßchen, Flüßchen ..."

3. Der Lindenbaum
a) im Sitzen
b) Rollenverteilung und Einspielen der Instrumente durch die Erzieherin
c) Kinder spielen nach und nach die Instrumente

Übergang: „Linde, Linde ..."

4. Das Mädchen
a) Fädchen austeilen, Refrain des Fädchen-Tanzliedes dazu singen
b) jedes „Mädchen" legt mit dem Fädchen ein Gebilde

5. Märchen als Handgestenspiel zu Ende erzählen mit Nachklang: „Lied vom Hühnchen und Hähnchen"

D. Verabschiedung: „Das Spiel ist ..."

3. Spielstunde:

A. Begrüßung
B. Spiellied: „So laßt uns ..." mit Klangspiel
C. Spieldurchführung:

1. Handgestenspiel: Das Böhnchen
   mit Einflechtung: Flüßchenlied mit Saiteninstrument und
   Lindenspiel mit bereitgelegten Instrumenten

Übergang: Das Hühnchen läuft zum Mädchen.

2. Das Mädchen
a) Fädchen austeilen
b) Fädchen-Tanzlied
c) Fädchengebilde
d) Ruhen im Wind

Übergang: „Mädchen, Mädchen ..."

3. Die Kammacher
a) sägen
b) schnitzen
c) schmirgeln
d) ölen

4. Märchen als Handgestenspiel zu Ende erzählen mit Nachklang: „Lied vom Hühnchen und Hähnchen"

D. Verabschiedung: „Das Spiel ist ..."

4. Spielstunde:

A. Begrüßung
B. Spiellied: „So laßt uns ..." mit Klangspiel
C. Spieldurchführung:

1. Handgestenspiel mit
a) Flüßchenlied und Harfe
b) Lindenspiel mit Instrumenten

Übergang: Das Hühnchen läuft zum Mädchen.

2. Das Mädchen
a) Fädchen austeilen
b) Fädchen-Tanzlied mit Flöte
c) Fädchengebilde
d) Ruhen mit Wind

Übergang: „Mädchen, Mädchen…"

3. Die Kammacher
a) sägen
b) schnitzen
c) schmirgeln
d) ölen

Übergang: „Kammacher, Kammacher …"

4. Die Brezelbäcker
a) Lied mit Gesten
b) Lied als Bewegungsspiel im Raum

5. Märchen als Handgestenspiel zu Ende erzählen
mit Nachklang: „Lied vom Hühnchen und Hähnchen"

D. Verabschiedung: „Das Spiel ist …"

5. Spielstunde:

A. Begrüßung
B. Spiellied: „So laßt uns …" mit Klangspiel
C. Spieldurchführung:

1. Handgestenspiel:
a) Flüßchenlied mit Harfe
b) Lindenspiel mit Gesten
c) Fädchen-Tanzlied, mit Refrain gesungen
d) Kammacherspiel

Übergang: „Kammacher, Kammacher …"

2. Die Brezelbäcker
a) Lied mit Gesten
b) Lied mit Bewegungsspiel im Raum und Tüchern

Übergang: „Brezelbäcker, Brezelbäcker …"

3. Die Holzhacker
a) hacken alleine
b) stapeln alleine
c) hacken gemeinsam
d) stapeln gemeinsam
e) mit Instrumenten

4. Märchenende mit Kurzspielen:
a) Holzhackerspiel alleine
b) Lied der Brezelbäcker mit Gesten
c) Kammacher mit Gesten
d) Mädchen mit Refrain des Tanzliedes
e) Lindenspiel mit Gesten
f) Flüßchenlied
g) Nachklang: Lied vom „Hühnchen und Hähnchen"

D. Verabschiedung: Das Spiel ist ...

6. *Spielstunde:*
Wir spielen nun das ganze Märchen mit eingeflochtenen Spielen und Instrumenten, so wie wir es uns wünschen!

A. Begrüßung
B. Spiellied: „So laßt uns ..." mit Klangspiel
C. Spieldurchführung:

1. Das Böhnchen mit
a) Flüßchenlied und Saiteninstrument
b) Lindenspiel in der Raumbewegung mit eingespielten Instrumenten
c) Fädchen-Tanzlied mit Flöte
d) Kammacherspiel in der Geste
e) Brezelbäcker in der Raumbewegung mit Tüchern
f) Holzhackerspiel mit Xylophon
g) Nachklang: „Lied vom Hühnchen und Hähnchen" mit Schellen und Rasseln

Märchenende erzählen – Verabschiedung: „Das Spiel ist ..."

Vielleicht laden wir uns zur *siebten Spielstunde* Gäste ein und geben diesen bei manchen Spielen Gelegenheit zum fröhlichen Mitmachen!

Als Abschluß der Feier kann das Märchen im Schattenspiel wiederholt werden – gespielt von der Erzieherin oder von einem Schulkind. Hat jedes Kind ein selbstgebasteltes Schattenspiel, dann können natürlich alle spielen – dies ist aber nur bei den großen Kindern möglich!

5 „Das Hausgesinde" (Gebrüder Grimm)

5.1. Das Märchen und seine Spielmöglichkeiten in der Übersicht

Originaltext:
„Wo wust du henne?" „Nah Walpe." „Ick nah Walpe, du nah Walpe; sam, sam, goh wie dann."

„Häst du auck'n Mann? Wie hedd din Mann?" „Cham."

„Min Mann Cham, din Mann Cham; ick nah Walpe, du nah Walpe; sam, sam, goh wie dann."

„Häst du auck'n Kind? Wie hedd din Kind?" „Grind."

„Min Kind Grind, din Kind Grind; min Mann Cham, din Mann Cham; ick nah Walpe, du nah Walpe; sam, sam, goh wie dann."

„Häst du auck'ne Weige? Wie hedd dine Weige?" „Hippodeige."

„Mine Weige Hippodeige, dine Weige Hippodeige; min Kind Grind, din Kind Grind; min Mann Cham, din Mann Cham; ick nah Walpe, du nah Walpe; sam, sam, goh wie dann."

„Häst du auck'n Knecht? Wie hedd din Knecht?" „Machmirsrecht."

„Min Knecht Machmirsrecht, din Knecht Machmirsrecht; mine Weige Hippodeige, dine Weige Hippodeige; min Kind Grind, din Kind Grind; min Mann Cham, din Mann Cham; ick nah Walpe, du nah Walpe; sam, sam, goh wie dann."

Anmerkung:
Dieses kurze, rhythmische Märchen eignet sich sehr gut zur Ausgestaltung, weil es unbegrenzte Spielmöglichkeiten enthält: Was tun wir in Walpe? Was macht der Mann Cham? Was spielt das Kind Grind? Wir bauen eine Wiege und gehen zu dem Knecht auf das Feld.

Hier muß das Märchen nicht enden: Bei meinen Kindern kam noch die Magd, die Katz, der Hund, die Maus, die Großmutter dazu – natürlich immer mit spaßig gereimten Namen, die eine große Heiterkeit in die Spielstunden brachten.

Was dann tatsächlich noch weiter ausgestaltet wird, liegt in der Phantasie der Erzieherin. Nicht zu sehr ausdehnen!

Ich habe viele Materialien einbezogen: Kordeln, Bänder, Muscheln, Hölzer, Steine, Naturmaterialien, wie sie auch zum Märchen vom süßen Brei gesammelt werden. Alles kann selber erstellt oder gesammelt werden, ist also machbar – zeitlich und finanziell.

Da wir nun nicht plattdeutsch reden, habe ich das Märchen mit meinen Kindern in der Übersetzung gespielt, obwohl ich überzeugt bin, daß es auch spaßig ist, den Originaltext zu verwenden, zumal die Zusatznamen immer großes Gelächter auslösten!

Übersetzung (Waltraud Fink-Klein):
Treffen sich zwei Frauen. Sagt die eine (Zusatz der Autorin):
„Wo willst du hin?"
Sagt die andere (Zusatz der Autorin):
„Nach Walpe!" (Bei uns gingen sie „Nach Giengen").
„Ich nach Walpe, du nach Walpe; gehen wir gemeinsam dann."
„Hast du auch'n Mann? Wie heißt dein Mann?" „Cham."
„Mein Mann Cham, dein Mann Cham; ich nach Walpe, du nach Walpe; gehen wir gemeinsam dann."
„Hast du auch'n Kind? Wie heißt dein Kind?" „Grind."
„Mein Kind Grind, dein Kind Grind: mein Mann Cham, dein Mann Cham; ich nach Walpe, du nach Walpe; gehen wir gemeinsam dann."
„Hast du auch'ne Wiege? Wie heißt deine Wiege?" „Hippodiege."
„Meine Wiege Hippodiege, deine Wiege Hippodiege; mein Kind Grind, dein Kind Grind; mein Mann Cham, dein Mann Cham; ich nach Walpe, du nach Walpe; gehen wir gemeinsam dann."
„Hast du auch'n Knecht? Wie heißt dein Knecht?" „Machmirsrecht."
„Mein Knecht Machmirsrecht, dein Knecht Machmirsrecht; meine Wiege Hippodiege, deine Wiege Hippodiege; mein

Kind Grind, dein Kind Grind; mein Mann Cham, dein Mann
Cham; ich nach Walpe, du nach Walpe; gehen wir gemeinsam
dann."

5.2. Vorschläge zum Verlauf einer Spielstunde

5.2.1. Einstimmung mit Lied und Klangspiel
siehe Seite 16

5.2.2. Hinführung

Ein ganz kleines Märchen erzähle ich heut',
mit spaßigen Namen, zu unserer Freud'!

Die Erzieherin kann die Kinder so (und natürlich mit eigenen
Worten) auf die „Spaßnamen" beim Hausgesinde vorbereiten.

5.2.3. Spieldurchführung

a) Handgestenspiel:

Die Erzieherin spielt vor, die Kinder vollziehen diese einfachen
Gesten bald nach.

Treffen sich zwei Frauen.	
Sagt die eine: Wo willst du hin?	Sich den Kindern zuwenden
Sagt die andere: Nach Walpe.	leicht nicken.
Ich nach Walpe,	mit beiden Zeigefingern auf sich zeigen
du nach Walpe;	mit beiden Zeigefingern von sich weg (auf sein Gegenüber) zeigen
gehen wir gemeinsam dann.	mit beiden Händen auf den Oberschenkel wandern.
Hast du auch 'n Mann?	Sich den Kindern zuwenden
Wie heißt dein Mann?	leicht nicken

Mein Mann Cham,   beide Hände zur Faust ballen,
                            der Daumen schaut heraus,
                            die rechte Faust wandert,
                            die Daumensseite nach oben
                            gerichtet, in zwei Impulsen vor
dein Mann Cham;   ebenso die linke Faust mit dem
                            herausgestreckten Daumen
ich nach Walpe,   Bewegungen siehe oben
du nach Walpe;
gehen wir gemeinsam dann.

Hast du auch 'n Kind?   sich den Kindern zuwenden
Wie heißt dein Kind?
Grind.   leicht nicken
Mein Kind Grind,   rechte Faust in Schulterhöhe
                            heben, kleinen Finger hoch-
                            strecken, leicht im Rhythmus
                            auf- und abwippen
dein Kind Grind;   ebenso links
mein Mann Cham,   Bewegungen siehe oben
dein Mann Cham;
ich nach Walpe,
du nach Walpe;
gehen wir gemeinsam dann.

Hast du auch 'ne Wiege?   sich den Kindern zuwenden
Wie heißt deine Wiege?
Hippodiege.   leicht nicken
Meine Wiege Hippodiege,   mit beiden Händen eine Wiege
                            anschubsen und zurückfedern,
                            2 x vor- und zurück
deine Wiege Hippodiege;   Schaukeln
mein Kind Grind,   Bewegungen siehe oben
dein Kind Grind;
mein Mann Cham,
dein Mann Cham;
ich nach Walpe,
du nach Walpe;
gehen wir gemeinsam dann.

Hast du auch 'n Knecht?   sich den Kindern zuwenden
Wie heißt dein Knecht?
Machmirsrecht.   leicht nicken
Mein Knecht Machmirsrecht, die rechte Faust mit dem Hand-
                            rücken nach oben rutscht auf
                            dem Oberschenkel vorwärts

dein Knecht Machmirsrecht;
meine Wiege Hippodiege,
deine Wiege Hippodiege;
mein Kind Grind,
dein Kind Grind;
mein Mann Cham,
dein Mann Cham;
ich nach Walpe,
du nach Walpe;
gehen wir gemeinsam dann.

ebenso die linke Faust
Bewegungen wie oben

b) Bewegungsspiel im Raum:

Wir gehen nach Walpe

Wir gehen, wir gehen,
wir wollen Walpe sehen.
Wir gehen, wir gehen,
wir wollen Walpe sehen.
Bleiben stehen,
wollen alles genau besehen.

Aufstehen und frei im Raum
herumgehen

stehen bleiben
Hände wie ein Schild an die
Stirn legen, am Platz schauend
drehen

Wir laufen

Wir laufen, laufen, laufen,
wir wollen uns was kaufen.
Wir laufen, laufen, laufen,
wir wollen uns was kaufen.
Bleiben stehen,
wollen alles genau besehen.

schnelles Laufen frei im Raum

Bewegungen siehe oben

Wir hüpfen

Wir hüpfen, hüpfen, heißahei,
hier in Walpe froh und frei.
Wir hüpfen, hüpfen, heißahei,
hier in Walpe froh und frei.
Bleiben stehen,
wollen alles genau besehen.

Hüpfen frei im Raum

Bewegungen siehe oben

Gesamtablauf nach Bedarf
wiederholen.

Spielabschluß des Bewegungsspiels im Raum:

Bleiben stehen –
und was dürfen wir hier sehen?
Unseren Mann Cham!

c) Wir tanzen mit dem Mann Cham:

Da fangen wir mit ihm
zu tanzen an:

Die Erzieherin nimmt ein
größeres Kind an die Hand
und tanzt und singt:

Mit den Füßen geht es trapp, trapp, trapp   Volkslied aus Lübeck

Aufstellung: im kleinen oder großen Kreis.

Teil A:

Takt 1-4   3 x stampfen, bei „trapp-trapp-trapp"
              3 x klatschen bei „klapp-klapp-klapp"
Takt 5   bei „ich" auf sich, bei „dir" auf einen anderen zeigen
Takt 6   bei „du" wieder auf den anderen, bei „mir" wieder
              auf sich zeigen
Takt 7-8   sich am Platz drehen

Teil B: zu zweit angefaßt im kleinen Kreis tanzen

Nun sucht sich jede Frau ihren Mann Cham und fängt mit ihm
zu tanzen an:
Wiederholung des Tanzliedes nach Bedarf.

d) Ruhen auf der Wiese:

Müde liegen beide nun   sich auf den Boden legen
auf die Wiese, wollen ruh'n.
Der liebe Sommerwind   die Erzieherin geht mit einem
weht über ihnen,   Riedgrasfächer herum auf
zart und lind.   leisen Sohlen und macht über
                                     jedem Kind sanften Wind

Nun haben alle gut ausgeruht!   langsam aufsitzen

e) Muschelmusik mit Kind Grind:

Da kommt das Kind Grind herbei mit schönen Muscheln, heißa-hei! Muschel-ruschel, Muschel mein,	Erzieherin holt ein Körbchen mit Muscheln her, setzt sich zu den Kindern und holt eine Muschel heraus, legt sie umgedreht in die linke Hand und streicht mit der Zeigefingerkuppe der rechten Hand zart in der Innenseite der Muschel. Hält sie zum Ohr hin und spricht leise
sollst in meiner Hand drin sein. Klick-klick-klick-klick-klick, ich mache Muschelmusik.	Muschel umdrehen in die Hand legen mit dem Mittelfinger der rechten Hand im Rhythmus spielen (Fingernagel)
Muschel-ruschel, Muschel mein,	die Erzieherin nimmt eine zweite Muschel heraus, nimmt die Streichbewegungen innen wieder auf. Sie geht nun auf ein Kind zu, gibt diesem
sollst in deiner Hand drin sein. Klick-klick-klick-klick-klick, wir machen Muschel-ruschelmusik.	die zweite Muschel ab zu zweit musizieren Muschelmusik beide nehmen eine neue Muschel heraus und streichend gehen sie herum, legen sie zwei Kindern in die Hand. So lange wiederholen (Schneeballsystem), bis alle Kinder eine Muschel haben

Nun spielt jedes „Kind Grind" mit seiner Muschel nach eigener Art: auf dem Knie, dem Fuß, dem Arm usw.

    Ebenso kann die Muschel am Boden oder auf dem Tisch oder Stuhl liegend klingen.

Das Muschelkonzert ist vorbei, wir legen sie wieder Ins Körbchen hinein.	Spielabschluß Muscheln einsammeln
Alle gehen nun nach Haus, geh'n nach Haus, geh'n nach Haus. Unser Spiel, das ist nun aus.	gehen, frei im Raum

Rückkehr zum Stuhlkreis |

5.2.4. Verabschiedung mit Lied siehe Seite 17

5.3. Spielesammlung

Nach dieser ersten Spielstunde können weitere Spiele und Spiel-
varianten angeboten werden, wie es die folgende Spielesammlung zeigt. Kapitel 5.4. enthält Vorschläge zum Spielstundenaufbau.

5.3.1. Wir bauen einen Weg nach Walpe

In der Raummitte liegen Hölzer, Steine, Bänder, Kordeln, kurz:
Alles, was wir für unseren Weg nach Walpe brauchen.

Wir bauen miteinander oder nacheinander unseren Weg, er
kann durch Tunnels oder über einen Berg (Tische und Stühle)
führen. Günstig ist es, das Material für die einzelnen Kinder zu
begrenzen. Wenn es die Gruppe zuläßt, ist ein Nacheinander
sehr schön: Jedes Kind legt an den Weg des anderen etwas dazu,
ohne das Werk des anderen zu verändern. Dies erfordert viel
Konzentration und kann nur in kleinen Gruppen durchgeführt
werden.

Dann kann die Reise beginnen. Wir gehen, laufen und hüpfen,
so wie es unser Weg erlaubt, nur dem Bewegungsimpuls folgend
und ohne sprachliche Begleitung.

5.3.2. Bewegungsbegleitung mit Liedern

Nun kommt die Sprache dazu. Sie formt die Bewegung und
wird sogar zum Lied:

Wir gehen nach Walpe:

Wir gehen, wir gehen,	frei im Raum gehen – allein
wir wollen Walpe sehen.	oder zu zweit
Wir gehen, wir gehen,	
wir wollen Walpe sehen.	
Bleiben stehen,	stehenbleiben
wollen alles genau besehen.	Hände wie ein Schild an die
	Stirn legen, sich am Platz
	drehen

Gehlied Text und Melodie: Waltraud Fink-Klein

Wir ge - hen, wir ge - hen, wir
wol - len Wal - pe se - hen.

Bleiben stehen,
wollen alles genau besehen.

Wir laufen, laufen, laufen, schnelles Laufen frei im Raum
wir wollen uns was kaufen.
Wir laufen, laufen, laufen,
wir wollen uns was kaufen.
Bleiben stehen, Bewegungen wie oben
wollen alles genau besehen.

Lauflied Waltraud Fink-Klein

Wir lau - fen, lau - fen, lau - fen, wir
wol - len uns was kau - fen.

Bleiben stehen,
wollen alles genau besehen.

Wir hüpfen, hüpfen, heißa-hei, Hüpfen frei im Raum
hier in Walpo froh und frei.

Wir hüpfen, hüpfen, heißa-hei,
hier in Walpe froh und frei.
Bleiben stehen, Bewegungen wie oben
wollen alles genau besehen.

Hüpflied Text und Melodie: Waltraud Fink-Klein

Wir hüp - fen, hüp - fen, hei - ßa - hei,

hier in Wal - pe froh und frei.

Bleiben stehen –
und was dürfen wir hier sehen?

Unseren Mann Cham.   Überleitung zum nächsten
Da fangen wir mit ihm   Spiel
zu tanzen an:

5.3.3. Wir tanzen und musizieren mit dem Mann Cham

Die Erzieherin beginnt alleine, da, wo sie gerade steht, den be-reits bekannten Tanz zu singen und zu tanzen:

Mit den Füßen geht es   Melodie und Bewegungen
trapp, trapp, trapp,   wie oben
mit den Händen geht es   sich zwei Hölzchen oder Steine
                                aus dem Weg holen, damit im
klapp, klapp, klapp.   Rhythmus musizieren
Ich trau' dir,   auf sich und von sich weg
                                zeigen
du traust mir,   von sich weg und wieder
                                auf sich zeigen
                                (mit dem Instrument)
dreh' dich um, und tanz mit mir. Hände mit den Hölzern oder
                                Steinen umeinander drehen,
                                kreisen am Platz
Tra-la ...   frei im Raum hüpfen und dazu
                                im Metrum spielen
Das war fein!
Weiter geht's zu zwein:

Es folgt eine Wiederholung des Tanzes mit den Instrumenten:
Bei „klapp, klapp, klapp" schlagen wir die Hölzer oder Steine
gegeneinander an und zeigen dann aufeinander bzw. auf uns selber. Das „Drehen und Tanzen" erfolgt einzeln am Platz, dann
können größere Kinder zu zweit eine kleine Spielabfolge mit
den Instrumenten erfinden und zum „Tra-la-la-la" vorspielen,
z.B. erst abwechselnd, dann beide usw.

Danach legen wir unsere Hölzer und Steine wieder in die Wege
und gehen wieder zurück nach Hause.

5.3.4. Wir spielen mit dem Kind Grind

a) Variation zum Muschelspiel:

Heute liegen die Muscheln in einer schönen Form auf einem
Tuch in der Raummitte am Boden. Wir setzen uns drum herum,
ein „Kind Grind" nach dem anderen sucht sich eine Muschel
aus. Dann wiederholen wir unser Muschelspiel:

Muschel-ruschel, Muschel mein,	Bewegungen wie Seite 93
sollst auf meinem Knie	Die Erzieherin gibt zunächst an,
drauf sein.	wo die Muschel klingen soll
Klick-klick-klick-klick-klick,	
wir machen Muschelmusik.	
Dieses Kind Grind	auf ein Kind zeigen
sucht einen Ort,	
wo die Muschel schön klingt.	
Muschel-ruschel, Muschel mein,	aufstehen, leise gehen und in
	der Muschel streichen
sollst jetzt an dem Fenster sein.	alle legen die Muschel
	an das Fenster
Klick-klick-klick-klick-klick,	klingen lassen
wir machen Muschelmusik.	
Dieses Kind Grind	auf ein Kind zeigen (lassen);
sucht einen Ort,	so lange wiederholen, wie es
wo die Muschel schön klingt.	die Aufmerksamkeit des Kindes
	erlaubt

Die Namen der Kinder, die diesmal nicht drangekommen sind, werden nach der Stunde von der Erzieherin aufgeschrieben, damit sie ganz bestimmt in der nächsten Stunde an die Reihe kommen (Das ist sehr wichtig, die Kinder merken sich das besser als die Erwachsenen!)

Nun kehren wir zu unserem Tuch zurück und legen in aller Ruhe ein neues Bild – eine Muschel kommt zur anderen dazu, ohne Thema und ohne Veränderung.

b) Spiel mit den gestrickten Bällen:

Beim Elternabend fertigt jede Mutter für ihr Kind einen Ball und beschriftet ihn mit dem Namen ihres Kindes. Sicher sind viele Mütter dazu bereit, auch noch einen weiteren Ball für den Kindergarten zu machen. So stehen für das neue Spiel Bälle mit Namen zur Verfügung und Bälle ohne Namen für die Kinder, deren Mütter keine Zeit zum Stricken hatten.

Günstig ist es, die Farbzusammensetzung immer anders zu wählen, dann sieht kein Ball wie der andere aus, und die Kinder finden immer wieder den gleichen. Das sollte bei der Verwendung von Wollresten keine Schwierigkeit sein, außerdem können diese erst im Kindergarten gesammelt und dann gemischt werden.

Damit die Bälle etwa gleich groß werden und auch schön rund sind, gebe ich folgende Beschreibung:

Material:	Wollreste von mittlerer Stärke
	Nadeln Nr. 4
	ungesponnene Schafwolle (Sammelbestellung)
Anschlag:	22 Maschen
Muster:	rechte Maschen (kraus)
Anleitung:	32 Rippen (65 Runden) bunt stricken (je Farbe zwei Rippen), schmale Seiten zusammennähen, eine lange Seite zusammenziehen und dann den Ball schön prall mit der ungesponnenen Wolle ausstopfen. Die andere Seite fest zusammenziehen und evtl. den Namen des Kindes einsticken.

Die Kinder sitzen im Kreis am Boden. Alle Bälle liegen in einem großen Netz. Die Erzieherin zeigt es her und läßt die Kinder erst einmal die Bälle anfassen, sie geht dabei mit dem Netz von Kind zu Kind. Die Erzieherin setzt sich in die Kreismitte und holt einen Ball heraus.

Rollen

Rolle, rolle, ran,
komme bei der Vera an.

Ein Kind nach dem anderen bekommt einen oder seinen Ball zugerollt

Nun beginnt das freie Rollen

– in den Händen,
– an den Armen,
– am Körper (sitzend und stehend),
– um die Füße (sitzend, kniend, stehend),
– neben uns her im Gehen
– usw.

Nach diesem freien Spiel rollen wir gemeinsam

Nun rollt ein jedes Kind
den Ball zu dieser Wand
geschwind.
Eins bleibt bei dem andern
steh'n,

auf die Raumseite zeigen
darauf achten, daß alle nebeneinander Platz haben

jetzt soll es gemeinsam geh'n:

Rolle, roll mein Ball weit fort,
hin zu einem andern Ort.
Und nun schau ich, wo ist er?
Lauf und hol ihn wieder her!
Rolle, roll mein Ball ...

gemeinsam rollen
stehen bleiben
nach ihm schauen
laufen, den Ball holen
Spielwiederholung von der gleichen oder der gegenüberliegenden Seite aus

Spielabschluß

So legen wir uns nieder,
und auch den Ball dazu,
ruhen aus die müden Glieder,
halten Ruh', halten Ruh'. —

sich an den Boden legen
den Ball neben sich legen
ruhig sprechen

Ich roll' auf euch den Ball
zur Ruh.

Erzieherin steht leise auf,
geht zu einem Kind hin

Rolle, rolle , relia,
ich rolle bei Cornelia.

sie nimmt seinen Ball und rollt
diesen ganz zart an seinem
Köpfchen entlang

Rolle, rolle, raus,
ich rolle bei dem Klaus.

nach und nach bei allen
Kindern rollen
diese Endreime können zu
jedem Namen gemacht werden

Bei einer Spielwiederholung ist es auch möglich, daß sich zwei
Kinder gegenseitig den Ball am Kopf entlang rollen. Allerdings
sollte nicht unterschätzt werden, welche Bedeutung auch die
zarte, liebkosende Geste der Erzieherin für die Kinder hat.

Nun können natürlich noch mehr Ballspielarten angeboten
werden:

Werfen

Die Erzieherin wirft beim Austeilen einen Ball in die Richtung
eines Kindes und nennt seinen Namen, dann folgt das freie Spiel
und danach das gemeinsame.

Wir stehen im Kreis
oder an einer Raumseite

Fliege, flieg mein Ball weit fort,   alle werfen den
hin zu einem andern Ort.   Ball hoch
Und nun schau ich, wo ist er?   stehen, nach ihm schauen
Lauf und hol ihn wieder her!   laufen, den Ball herholen

Spielwiederholung
nach Bedarf

Mit der Zeit kann das Spiel auch von dem Ort aus, an dem man
gerade angekommen ist, wiederholt werden.

Das Rollen am Körper ist als Spielabschluß auch nach dem
Werfen gut geeignet.

Tragen

Ich trage meinen Ball weit fort,   wir tragen den Ball auf dem
hin zu einem andern Ort.   Handrücken
Bleibe steh'n,   stehen bleiben
will mich hier im Kreise dreh'n.   sich im Kreise drehen

Das Tragen bringt ein wenig Ruhe ins Spiel. Bei der Wiederholung wird der Ball immer auf anderen (auch selbstgewählten)
Körperteilen getragen. Größere Kinder probieren sogar, ob sie
auch zwei Bälle gleichzeitig tragen können.

Hier kann sich dann schön das paarweise Rollen am Körper
anschließen.

Natürlich ist auch eine Kombination der verschiedenen Spiele möglich sowie das Einbeziehen von Tischen und Stühlen. Da
geht es dann drunter und drüber, doch die Reime bringen trotzdem eine gewisse Ordnung ins freudvolle Spiel.

c) Sommerreigen mit Bändern:

Das Kind Grind freut sich,   Einstimmung zum Sommer-
ruft: Hurra!   reigen
Die Sommerszeit ist da!   Sommerbänder herholen
Nimmt ein Sommerband,   vor den Kinder schwingen
und dann
fängt es gleich zu tanzen an: jedes Kind sucht sich ein
                                           Band aus

Sommerband: ca. 1 m langes, fließendes Band wird an einen ca. 20 cm langen Stecken gebunden und mit einer Heftklammer festgemacht. Es gibt im Bastelgeschäft eine reiche Auswahl an schönen Farben

Die Erzieherin winkt die Kinder zum Kreis herbei und hält ihren Sommerbandstab hoch. Die Kinder fuchteln leider oft den anderen Mitspielern gefährlich im Gesicht herum. Deswegen nehme ich bei der Bewegung den Stab hoch, beim Stehenbleiben erst wieder herunter.

Die Erzieherin singt und tanzt, die Kinder tanzen mit:

Die Sommerszeit

Text und Melodie: Waltraud Fink-Klein

Die Som-mers-zeit ist da. Hur -

ra! Hur-ra! Hur - ra! Die Sommers-zeit ist

da.   Hur - ra! Hur - ra! Hur - ra!

Jupp- hei - di,   jupp- hei - da,   tral - la - li und

tral - la - la.   Jupp- hei - di,   jupp- hei - da,

tral - la - li   und   tral - la - la.

Bewegungen:

Teil A:
Hüpfen im Kreis im Uhrzeigersinn, die rechte Hand hält den Sommerbandstab hoch.

Teil B:
Stehen, zur Kreismitte schauen, 4 x wie eine Peitsche knallen, bei „tra-la-li …" im Kreis schwingen.

Variationsmöglichkeiten im B-Teil:
Schwingen in Form einer Acht, hin- und herschwingen, auf- und abschwingen.

Wir stellen die Sommertanzbänder in die Dose zurück und bauen uns eine Wiege Hippodiege zum Ruhen.

5.3.5. Die Wiege Hippodiege

Reifenwiege:
Zwei Reifen werden mit etwas Abstand senkrecht auf den Boden gestellt. Da hinein legen wir eine kleine Gymnastikmatte; ein Kind setzt sich genau in die Mitte darauf. Die Wiege ist nicht

stabil, aber das ist gut so, denn dann müssen alle beim Schaukeln vorsichtig sein, allzu wilde Schaukeleien sind nicht möglich. Die Kinder müssen auch aufpassen, daß sie das Gleichgewicht halten. Es ist ein sehr schönes rhythmisches Spiel. Die Kinder halten sich oben an den Reifen fest, ein Erwachsener oder zwei Kinder schaukeln sie sacht hin und her, ohne die Reifen loszulassen.

Dazu singt die Erzieherin:

Wiege Hippodiege   Text und Melodie: Waltraud Fink-Klein

Wie - ge, Wie- ge, Wie - ge, Wie - ge Hip-po - die - ge. Wie - ge Wie - ge, schauk- le aus, und Ma - ri - a steigt her - aus.

5.3.6. Der Knecht Machmirsrecht

a) Säen:

Wir gehen auf das Feld hinaus, *auf das Feld hinaus.* *Wir gehen auf das Feld hinaus,* *auf das Feld hinaus.*	gehen – frei oder in der Schlange
Auf dem Felde, *auf dem Felde* *gibt es viel zu tun.* *Alle fleiß'gen Bauernhände* *dürfen jetzt nicht ruh'n.*	stehenbleiben, das Feld betrachten bestätigend nicken Hände vorstrecken Hände bewegen
Gepflügt	Hände zum Pflug formen, nach vorne bewegen
und geeggt *ist das Feld gar fein,* *da streuen wir unsere* *Körner hinein.* *Hutsch – he! Springt hinein.* *Hutsch – he! Körnerlein.* *Hutsch – he! Hutsch – he!* *Hutsch – he!*	Hände zur Egge formen zurückziehen Körner aus der linken Hand holen und mit der rechten Hand streuen Geste „säen" nach Bedarf wiederholen
Alle Körner sind gesät, *nun könnt ihr wachsen,* *bis hoch die Frucht steht.*	auf die Kinder schauen Geste des Wachsens: Hände senkrecht hochführen, bis sie als Frucht stehen
Die Knechte gehen jetzt *nach Haus,* *ruhen aus, ruhen aus.*	gehen, frei oder in der Schlange auf dem Stuhl ausruhen

b) Ernten:

Wieder geht's aufs Feld hinaus, *auf das Feld hinaus.* *Wieder geht's aufs Feld hinaus,* *auf das Feld hinaus.*	Bewegungen wie oben
Auf dem Felde, *auf dem Felde,*	

gibt es viel zu tun.
Alle fleiß'gen Bauernhände
dürfen jetzt nicht ruh'n.

Das Korn, das wir gesät,	Säbewegungen
ist nun gereift	Wuchsbewegungen
und wird gemäht:	Mähbewegungen
Schneid das Korn,	
schneid das Korn,	
laß die Sense klingen,	
schneid das Korn,	
schneid das Korn,	
laß die Sense schwingen.	

Garben stellen wir auf,	bei „auf" bzw. „lauf" mit beiden
Garben gibt es zu Hauf,	Händen das am Boden
Garben stellen wir auf,	liegende Korn aufstellen
stellen alle auf.	

Mähen und Garben aufstellen
nach Bedarf wiederholen

Die Knechte gehen jetzt nach Haus,
ruhen aus, ruhen aus.

c) *Garben einholen und dreschen:*

Wir fahren auf das Feld hinaus,	Der Stuhl wird zum Fahrzeug:
auf das Feld hinaus.	umgekehrt aufsitzen
Wir fahren auf das Feld hinaus	
und steigen aus.	absteigen

Auf dem Felde,	Bewegungen wie oben
auf dem Felde	
gibt es viel zu tun.	
Alle fleiß'gen Bauernhände	
dürfen jetzt nicht ruh'n.	

Heut' holen wir die Garben ein,	rhythmisches Aufladen der
holen alle Garben ein.	Garben auf den Wagen
Heut holen wir die Garben ein,	
holen alle ein.	

nach Bedarf wiederholen

Steigen auf den Wagen drauf   auf den Stuhl setzen
und fahren jetzt nach Haus.

Steigen aus und laden ab,   absteigen, abladen
alles auf der Tenne ab.

Wir dreschen die Ähren,   rhythmische Dreschbewe-
wir dreschen das Korn,   gungen auf den Oberschenkeln
wir dreschen die Ähren,
wir dreschen das Korn.

Sammeln alle Körner klein   Körner einsammeln
in die großen Säcke ein.
Danken Gott für diese Gaben,
die wir von ihm bekommen haben.

Danklied: Text: Christian Morgenstern Melodie: Waltraud Fink-Klein

Je - des Tier - lein hat sein Es - sen,

je - des Blüm - lein trinkt von dir.

Hast auch un - ser nicht ver - ges - sen,

lie - ber Gott, wir dan - ken dir.

Der Knecht Machmirsrecht spricht:

Seht nur an, seht nur an,
der Knecht Machmirsrecht
ist ein rechter Bauersmann.

Auf dem Felde, auf dem Felde
gibt es viel zu tun.
Alle fleiß'gen Bauernhände
dürfen jetzt nicht ruh'n.

Wollt ihr wissen, wie man's macht?
Gebet acht!

Wollt ihr wissen, wie der Bauer   Spiellied aus dem Rheinland

2. Wollt ihr wissen, wie der Bauer seinen Haber abmäht?
Sehet so, so macht's der Bauern, wenn er Haber abmäht.
3. Wollt ihr wissen, wie der Bauer seinen Haber einfährt?
Sehet so, so macht's der Bauer, wenn er Haber einfährt.

4. Wollt ihr wissen, wie der Bauer seinen Haber ausdrischt?
Sehet so, so macht's der Bauer, wenn er Haber ausdrischt.
5. Wollt ihr wissen, wie der Bauer nach der Arbeit ausruht?
Sehet so, so macht's der Bauer, wenn er abends ausruht.
6. Wollt ihr wissen, wie der Bauer nach der Arbeit sich freut?
Sehet so, so macht's der Bauer, wenn beim Tanz er sich dreht.

Bewegungsvorschläge: Im Frontkreis stehen.

Wollt ihr wissen,	Hände auf die Hüfte stützen
wie der Bauer,	eine Verbeugung machen
x x	x = beide Füße nacheinander bodenständig aufsetzen
seinen Haber aussät?	Am Platz kreisen, die rechte Hand zeigend mitführen
Sehet so, so macht's der Bauer ...	überall säen
Wollt ihr wissen ...	stehen, Bewegungen wie oben, nun wird die jeweils besungene Tätigkeit frei im Raum ausgeführt

5.4. Vorschläge zum Spielstundenaufbau

In das Freispiel und auch in den Morgenkreis kann man einige
Spiele zum Märchen „Das Hausgesinde" sehr gut einfließen lassen.
    Wie könnte es nun in fortlaufenden Spielstunden (eine Stun-
de pro Woche) weitergehen?

2. Spielstunde:

Nach der Einstimmung und dem Handgestenspiel folgt der
Reim mit dem Bewegungsspiel „Wir gehen nach Walpe". Daran
schließt sich das Gehlied an (siehe Seite 94/95). Dann treffen wir
den Mann Cham und fangen mit ihm zu tanzen an. Eventuell
werden Hölzchen oder Steine vom Wegesrand zum Musizieren
dazugenommen. Nun kommt das Kind Grind mit einer Variation zum Muschelspiel. Es legt am Schluß ein Muschelbild, und
alle gehen nach Hause. Dort bauen wir eine Wiege Hippodiege
und ruhen uns darin aus. Nach dem Abbau der Wiege verabschieden wir uns mit dem Schlußlied.

3. Spielstunde:

Diesmal legen wir uns nach der Einstimmung und dem Handgestenspiel mit verschiedenen Materialien Wege (siehe Seite 94), gehen dann erst mal ohne sprachliche oder gesungene Begleitung (eine Begleitung kann nach der Probierphase dazugenommen werden, darf aber nicht zu früh die Bewegung führen) auf/über/unter unser Werk nach Walpe. Treffen dort wieder den Mann Cham und fangen zu musizieren und zu tanzen an. Das Kind Grind spielt mit den Bällen geschwind, läßt sie vielleicht gar die Wege entlangrollen oder wirft sie über einen Tunnel. Dann nimmt es seinen Ball und geht auf den Wegen nach Hause, errichtet sich eine Wiege und ruht sich darin gründlich aus.

4. Spielstunde:

Nach der Einstimmung kommt gleich das Kind Grind und spielt mit dem Ball. Vielleicht will es sogar nochmals mit den Muscheln spielen. Dann geht es mit dem Knecht Machmirsrecht auf das Feld und hilft ihm bei der Arbeit. Hierbei kann das gereimte Spiel mit dem Danklied oder das Spiellied „Wollt ihr wissen, wie der Bauer" gesungen werden.
Zu Haus ruhen wir in der Wiege aus.
Abbau der Wiege, Schlußlied.

5. Spielstunde:

Mit Einstimmung und Handgestenspiel beginnt die fünfte Spielstunde, dann könnte rückläufig begonnen mit dem Knecht Machmirsrecht, gespielt werden. So ruht er nach der Feldarbeit in der Wiege, dann kommt das Kind Grind und tanzt seinen Sommerbandreigen. Der Mann Cham tanzt mit seiner Frau auch gleich sein Tänzchen mit, und sie gehen zusammen nach Walpe, kehren dann bald wieder heim.
Das Schlußlied beendet die Stunde.

6. Spielstunde:

Diese Stunde könnte nun passend zu einem Sommerfest gestaltet werden. Nach der Einstimmung spielen wir wieder vorwärts: Handgestenspiel, Wege legen und nach Walpe gehen, Tanzen und Musizieren mit Mann Cham, ein Spiel mit Kind Grind (Sommerbändertanz eignet sich gut!). Die Wiege kommt

heute mit Handgestenspiel und dem Lied dran, dann helfen wir
dem Bauern und schließen mit einem Liedchen.

Wird „Das Hausgesinde" auf einem Sommerfest mit den Kindern aufgeführt, so können beim Tanz mit Mann Cham und
beim Sommerbänderreigen mit dem Kind Grind gut die Gäste
miteinbezogen werden: Jedes Kind holt seine Mutter oder den
Vater, gibt ihnen nach dem Reigen ein Sommerband in die
Hand. Die Gäste knallen und schwingen im Stehen mit. Das
macht viel Freude, überfordert die Gäste nicht und sieht auch
noch sehr schön aus. Die Bänder können verschenkt oder in der
Mitte zu einem Bild abgelegt werden. Dann sitzen die Kinder
zum Wiegenspiel auf dem Schoß der Eltern oder gehen alleine
mit dem Knecht zum Feld hinaus. Das Danklied könnte diese
Gestaltung abschließen und zu den Gaumenfreuden überleiten.

6 „Der süße Brei" (Gebrüder Grimm)

6.1. Das Märchen und seine Spielmöglichkeiten in der Übersicht

Es war einmal ein armes, frommes Mädchen, das lebte mit seiner Mutter allein, und sie hatten nichts mehr zu essen. Da ging das Kind hinaus in den Wald, und es begegnete ihm da eine alte Frau, die wußte seinen Jammer schon und schenkte ihm ein Töpfchen, zu dem sollt' es sagen: „Töpfchen, koche", so kochte es einen süßen Hirsebrei, und wenn es sagte: „Töpfchen, steh", so hörte es wieder auf zu kochen.

Das Mädchen brachte den Topf seiner Mutter heim, und nun waren sie ihrer Armut und ihres Hungers ledig und aßen süßen Brei, so oft sie wollten.

Auf eine Zeit war das Mädchen ausgegangen, da sprach die Mutter: „Töpfchen, koche", da kocht es, und sie ißt sich satt; nun will sie, daß das Töpfchen wieder aufhören soll, aber sie weiß das Wort nicht. Also kocht es fort, und der Brei steigt über den Rand hinaus und kocht immerzu, die Küche und das ganze Haus voll, und das zweite Haus, und dann die Straße, als wollt's die ganze Welt satt machen und ist die größte Not, und kein Mensch weiß sich da zu helfen. Endlich, wie nur noch ein einziges Haus übrig ist, da kommt das Kind heim und spricht nur: „Töpfchen, steh", da steht es und hört auf zu kochen; und wer wieder in die Stadt wollte, der mußte sich durchessen.

Anmerkung:
In diesem Frauenmärchen erscheinen drei Generationen:
- das (noch unbewußt) wissende Kind: „... und spricht nur: ‚Töpfchen steh.' "
- die (verschlafene) unwissende Mutter: „... aber sie weiß das Wort nicht"

– die wissende alte Frau im Wald: „...die wußte seinen Jammer schon ..."

So gibt uns das Märchen zu bedenken:
– daß wir Erwachsenen wachsam seien,
– die Altersweisheit achten und
– das Wissen unserer Kinder nicht unterschätzen sollten.

Nun war diese Erkenntnis aber nicht der Grund, warum ich das Märchen mit den Kindern spielte. Es wurde trotz der Einfachheit und Kürze eines der Lieblingsspiele der Kinder – nicht zuletzt durch das von ihnen selbst gebastelte Tischpuppenspiel mit Serviettenpüppchen, Tüchern, Steinen, Hölzchen, kleinen Zweigen und Zapfen.

Wenn die Kinder die Naturmaterialien bei einem Spaziergang sogar selber sammeln, ist das natürlich noch schöner, als wenn die Erzieherin alles mitbringt und zur Verfügung stellt. Sicher finden die Kinder noch mehr geeignete Kostbarkeiten. Diese sammeln sie dann in einer selbstgemachten Tüte. Obendrauf haben auch die Püppchen Platz, und so ist alles für das Spiel beisammen.

Sind kleine, verschiedenfarbige Baumwolltücher vorhanden oder werden solche mit Hilfe der Mütter genäht, können sie als Küchenboden, Feld- und Waldboden ausgelegt werden. Die Tücher sind dann, wie auch die Naturmaterialien, immer wieder zu anderen Spielen zu gebrauchen. Allerdings eignen sich bei diesem Spiel für die Böden auch einfarbige Papierservietten, wenn keine Tücher vorhanden sind.

Das Tuch für den überlaufenden Brei ist allerdings von großer Wichtigkeit. Wir knüllen ein helles, dünnes Nylontuch ganz klein in den Händen zusammen. Das Tuch stellt den süßen Brei dar. Wenn wir die Hände langsam öffnen, quillt der Brei heraus und läuft über.

Die Tücher sind im Warenhaus oder im Rhythmikfachhandel zu bekommen und ebenfalls mehrfach zu verwenden: als Tanztuch, als erblühende Blume ...

Zu dem Tischpuppenspiel, das mehr aus der Konzentration und Stille gespielt wird, gesellt sich zum guten Schluß ein Bewegungsspiel, das die Freude über den guten Ausgang im Hüpfen und Tanzen zum Ausdruck bringt und dem Bewegungsbedürfnis der Kinder entgegenkommt. Nach den Wiederholungen wird dann alles sorgsam abgebaut und liebevoll versorgt, auch das gehört ganz selbstverständlich zu unserem Spiel dazu.

6.2. Vorschläge zum Verlauf einer Spielstunde

6.2.1. Einstimmung mit Lied und Klangspiel
siehe Seite 16

6.2.2. Hinführung

Die Erzieherin holt ein Körbchen nach dem anderen herbei und stellt es auf den bereitgestellten Tisch. Dann legt sie die Bodentücher für den Wald, das Feld und die Küche aus. Dazu spricht sie, daß hier ein kleines Märchen gespielt werden soll: in der Küche, auf dem Feld und im Wald. Nun gibt es in der Küche einen Herd – ein großer Stein soll ihn darstellen, auf dem Feld gibt es einen Weg, dieser wird aus Steinen gelegt. Im Wald gibt es Bäume (kleine Zweige, in Kastanien gesteckt) und Gehölz (kleine Stöcke). Im Wald wohnt eine alte Frau (Püppchen mit der Nußschale hinstellen), und in der Küche steht eine Mutter mit ihrem Kind (beide Püppchen zum Herd stellen). Das Breituch wird zerknüllt unter dem Tisch versteckt.

Nun kann das Märchenspiel beginnen:

6.2.3. Spieldurchführung

a) Tischpuppenspiel:

Es war einmal ein armes, frommes Mädchen,	zu den Kinder sprechen mit der rechten Hand das Mädchen anfassen
das lebte mit seiner Mutter allein,	mit der linken Hand die Mutter anfassen
und sie hatten nichts mehr zu essen.	beide Puppen verneinend hin- und herbewegen
Da ging das Kind	kleine Gehbewegungen mit

hinaus in den Wald,

*und es begegnete ihm da
eine alte Frau,
die wußte seinen
Jammer schon*

*und schenkte ihm ein Töpfchen,
zum dem sollt' es sagen:
„Töpfchen, koche", so kochte es
einen süßen Hirsebrei,
und wenn es sagte:*

*„Töpfchen, steh", so hörte es
wieder auf zu kochen.*

dem Kind machen (Mutter
loslassen), sich Zeit lassen,
evtl. Text wiederholen
bei der alten Frau anhalten

mit der linken Hand die alte
Frau nehmen, dem Kind
zunicken
Töpfchen aufnehmen und
kleine kreisende Bewegungen
damit machen

Töpfchen still halten,

Lied singen und entsprechende
Bewegungen dazu machen

Töpf-chen, ko-che, Töpf-chen, ko-che,
ko-che sü-ßen Brei. Töpf-chen, steh!

*Da brachte das Kind
das Töpfchen seiner Mutter
heim, und nun waren sie
ihrer Armut und ihres Hungers
ledig und aßen süßen Brei,
so oft sie wollten.*

Töpfchen übergeben,
zurückgehen, sich Zeit lassen

auf den Herd stellen,

Mutter mit der linken Hand
anfassen, Lied singen mit
entsprechenden Bewegungen,
aus dem Töpfchen essen

Töpfchen, koche

Text und Melodie: Waltraud Fink-Klein

Töpf-chen, ko - che, Töpf-chen, ko - che,

ko-che sü-ßen Brei. Töpf—chen, steh! Wir

es - sen sü - ßen Hir - se - brei

aus dem Wun - der - töpf - chen.

Sü - ßen gu - ten Hir - se - brei,

dan - ke, lie - bes Töpf - chen.

Auf eine Zeit	Kinder anschauen Mutter loslassen
war das Kind ausgegangen,	Kind langsam ein Stück gehen lassen, danach hinstellen oder unter den Tisch legen
da sprach die Mutter: *„Töpfchen, koche".*	Mutter anfassen
	Lied singen und entsprechende Bewegungen dazu machen

Töpf-chen, ko - che, Töpf-chen, ko - che,

ko - che sü - ßen Brei.

da kocht es, und sie ißt,　　　aus dem Topf essen, Püppchen
ißt sich satt;　　　　　　　　essen lassen

Lied singen und bewegen

Ich es - se sü - ßen Hir - se - brei

aus dem Wun-der - töpf-chen. Sü - ßen gu - ten

Hir - se- brei, dan - ke, lie - bes Töpf - chen.

Nun will sie, daß das Töpfchen　　　zu den Kindern sprechen
wieder aufhören soll,
aber sie weiß das Wort nicht.
Also kocht es fort,　　　　　　　das Breituch hervorholen
und der Brei steigt über　　　　　und in den Händen knüllen
den Rand hinaus und kocht　　　langsam öffnen und den Brei
immerzu, die Küche und das　　　immer mehr hervorquellen
ganze Haus voll,　　　　　　　lassen, bis
und das zweite Haus,　　　　　fast
und dann die Straße,　　　　　alles
als wollt's die ganze Welt satt　　zugedeckt
machen und ist die größte Not,　　ist
und kein Mensch weiß sich
da zu helfen.

Endlich,   Kind anfassen
wie nur noch ein einziges   langsam kommen lassen
Haus übrig ist,
da kommt das Kind heim   stehenbleiben
und spricht nur: „Töpfchen steh",
                                   Lied singen

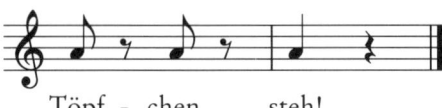

Töpf - chen,   steh!

Da steht es und hört auf   zu den Kindern sprechen
zu kochen, und wer wieder
in die Stadt wollte,
der mußte sich durchessen:
                                   Lied singen und mit Mutter
                                   und Kind bewegen

Wir   es - sen sü - ßen   Hir - se - brei

aus dem Wun-der - töpf-chen.   Sü - ßen gu - ten

Hir - se- brei,   dan - ke, lie - bes Töpf - chen.

Heißa-heißa-hei,   klatschen
weg ist der Brei!   Breituch wegnehmen,
                                   wegstecken
Die Mutter hat das Wort   Hände wie bei „Oje!" an die
vergessen,   Wange legen
alle haben Brei gegessen.   linke Hand zur Schale formen,
                                   rechte Hand ißt aus dieser
                                   Schale
Heißa-heißa-hei,   klatschen
weg ist der Brei!   beide Hände hinter dem Rücken
                                   verschwinden lassen

b) Bewegungsspiel im Raum:

Heißa-heißa-hei,	freies Hüpfen im Raum,
x x x	bei: x klatschen
weg ist der Brei!	stehen, Arme im Bogen nach hinten nehmen
Die Mutter hat das Wort vergessen, alle haben Brei gegessen.	Gesten wie oben
Heißa-heißa-hei, weg ist der Brei!	Hüpfen und Klatschen Geste wie oben
	Ablauf nach Bedarf wiederholen
Da ruft das Mädchen: „Kommt herbei! Das Töpfchen kocht uns süßen Brei!"	zum Kreis herbeiwinken Arme ausstrecken, einen Kreis als großen Topf andeuten

c) Kreisspiel „Töpfchen, koche":

Lied singen, im Uhrzeigersinn
angefaßt im Kreis gehen.
Dann stehen und essen:
Gesten wie vorne

Töpf-chen, ko - che, Töpf-chen, ko - che,

ko-che sü-ßen Brei. Töpf-chen, steh! Wir

es - sen sü - ßen Hir se - brei

aus dem Wun - der - töpf - chen.

Sü - ßen gu - ten Hir - se - brei,

dan - ke, lie - bes Töpf - chen.

Kreisspiel nach Bedarf wiederholen. Dann hüpfen und klatschen wir wieder frei im Raum:

Heißa-heißa-hei,
weg ist der Brei!
Die Mutter hat das Wort vergessen,
alle haben Brei gegessen.
Heißa-heißa-hei,
weg ist der Brei!

Hier kann sich noch einmal das Kreisspiel anschließen. Danach spielt die Erzieherin auf der Kinderharfe oder auf dem Saitenspiel eine kleine Melodie (siehe unten) und führt anschließend noch einmal das Tischpuppenspiel vor.

d) Tischpuppenspiel mit Vorspiel, Bewegungsspiel im Raum und Kreisspiel:

ruhig, fließend zu spielen

Es war einmal ... Tischpuppenspiel wiederholen.
Heißa-heißa-hei, ... Hüpfen und Klatschen usw.
 wiederholen
Töpfchen koche ... Kreisspiel mit Lied wiederholen

6.2.4. Verabschiedung

Alle gehen nun nach Haus',   zum Stuhlkreis zurückkehren
unser Spiel, das ist jetzt aus.

Da räumen wir die Sachen frei
wieder in die Körbe hinein.

Die Erzieherin räumt mit Hilfe der herbeigerufenen Kinder den
Spieltisch ebenso sorgsam und ruhig ab, wie sie ihn aufgebaut
hat. Dann werden die Körbe weggetragen, alle stellen sich zum
Schlußkreis auf, fassen sich an den Händen und singen das Lied
zur Verabschiedung (siehe Seite 17).

6.3. Vorschläge zum Spielstundenaufbau

1. Spielstunde:

Heute helfen nach der Einstimmung (siehe Seite 114) die Kinder
beim Aufbau des Tischpuppenspiels mit. Danach verteilt die
Erzieherin die Tischpuppen an drei Kinder; nach der kleinen
Melodie auf dem Saiteninstrument spielen diese Kinder das von

der Erzieherin erzählte Märchen für die anderen vor. Den Brei läßt die Erzieherin überkochen, und nach dem Bewegungsspiel im Raum (siehe Seite 119) wird das Kreisspiel (siehe Seite 119) heute mit einer Variante gespielt:

Drei Kinder sind im „Topf" (Kreismitte) als Brei. Ein Kind darf das Mädchen sein und „Töpfchen, steh" singen oder sagen.

Danach spielen drei Kinder, die noch keine Einzelrolle hatten, das Märchen vom süßen Brei. Auch das Breituch wird an ein Kind abgegeben, evtl. sogar ein zweites, denn es kocht ja mächtig viel über!

Wieder löst sich die freudige Spannung in der Bewegungsphase mit „Heißa-heißa-hei" (siehe Seite 120) und der neuen Variante des Kreisspiels auf. Bei meinen kleinen Gruppen sind somit alle Kinder einmal in eine Sonderrolle geschlüpft. Erfahrungsgemäß wollen aber alle einmal beim Tischpuppenspiel mitmachen, und somit kann – solange die Aufmerksamkeit der Kinder es zuläßt – dieses wiederholt werden.

Vor der 3. Spielstunde wäre es schön, wenn mit den Kindern bei einem Spaziergang verschiedene Naturmaterialien gesammelt werden könnten: Steine, kleine Hölzchen, kleine Zweige, in der Herbsteszeit auch bunte Blätter und Kastanien und was sonst Brauchbares zu finden ist. Jedes Kind sollte seine Schätze in einer stabilen Schachtel oder einer aus Tapeten geklebten Tüte verstauen können.

Da hinein passen auch noch die Bastelarbeiten:

In den gewölbten Teil einer Kastanie wird ein Loch gebohrt und ein kleiner Zweig hineingesteckt – fertig ist ein Baum für den Wald, in dem die alte Frau steht.

3. Spielstunde:

Nach der Einstimmung sollen heute die Tischpuppen entstehen. Die Erzieherin hat auf ihrem Tisch bereits das Bastelmaterial ausgelegt:
– rosa Partyservietten für das Kind,
– lachsfarbene, normal große Servietten für die Mutter,
– altrosafarbene, normal große Servietten für die alte Frau, (es gibt dafür schöne, umweltfreundlich gefärbte, feste Servietten)
– Papiertaschentücher
– Bändchen und Gummis

Und so wird's gemacht: Ein zusammengeknülltes Papierta-
schentuch wird in die Mitte einer aufgefalteten Serviette gelegt,
die Servitte wird umgedreht und das Taschentuch mit einem Faden oder Gummi abgebunden. So entsteht der Kopf, als Arme
werden die kürzeren Ecken herausgezupft, auf den längeren
Ecken können die Püppchen gut stehen. So binden wir zwei
größere Püppchen in verschiedenen Farben, die Mutter und die
alte Frau, und das kleine Püppchen aus der rosa Partyserviette
als Mädchen.
   Eine Nußschalenhälfte dient als Töpfchen.

Jedes Kind bekommt nun drei Tücher oder Servietten, die die
Böden darstellen und holt seine Schätze vom Spaziergang sowie
die Bäume herbei. Mit viel Ruhe, Zeit und Muße wird das
Tischspiel aufgebaut und dann das Märchen mit den neuen
Püppchen gespielt.
   Eine Auflockerung durch das Bewegungsspiel im Raum ist
sicher willkommen. Ob das Kreisspiel angebracht ist, kommt
auf die Gruppe an, wichtig ist hier auf jeden Fall, daß das Tischpuppenspiel nochmals wiederholt wird.

Vielleicht können die Requisiten des Tischpuppenspiels nach
dem Abschluß der Stunde sogar stehenbleiben. Dies ist natürlich nur in einem separaten Raum möglich, hier können dann
auch kleinere Kinder zum Märchensingspiel eingeladen werden.

4. Spielstunde:

Nicht nur die anderen Kinder, auch die Eltern freuen sich sicher
über eine Vorführung, welche nach dem Lied zur Einstimmung
von allen Kindern am eigenen Tisch gespielt wird. Danach laden
wir die Gäste zum Hüpfen und Klatschen und zum Kreisspiel
ein.

Gäste alle als Brei in die Mitte setzen und umgekehrt. Das ist ein
großer Spaß, und zum Abschluß gibt es sogar aus dem großen
Breitopf einen echten süßen Hirsebrei.

Rezept:
Gemahlene Hirse mit Milch kochen, danach vom Herd nehmen
und etwas Honig und Butter unterrühren.

Die Kinder räumen ihre Tischspiele in ihre Tüte oder Schachtel
ein und tragen diese heute mit nach Hause.

Dort lebte bei meinen Kindern das Märchen noch lange Zeit
in der Familie fort, und so manches Nachbarskind bastelte sich
auch solch einen Schatz.

Wichtig!
Es ist gut, das Spiel in aller Ruhe vorzuspielen und sorgsam aufzubauen, da sonst Hektik und eine Materialschlacht entstehen
können, welche das Wesentliche dieses Spieles in den Hinter-
grund drängen: das Sichverbinden können, das Eintauchen in
das Spielgeschehen, welches ein Labsal für unsere Sinne, unsere
Seele ist und es zuläßt, im harmonischen Umgang mit diesen
einfachen Mitteln den Gehalt des Märchens (natürlich ohne Er-
läuterung des Erwachsenen) ganz tief in uns aufzunehmen. Diese Schätze begleiten uns manchmal noch das ganze Leben lang.

7 "Die Sterntaler" (Gebrüder Grimm)

7.1. Das Märchen und seine Spielmöglichkeiten in der Übersicht

Es war einmal ein kleines Mädchen, dem waren Vater und Mutter gestorben, und es war so arm, daß es kein Kämmerchen mehr hatte, darin zu wohnen, und kein Bettchen mehr, darin zu schlafen, und endlich gar nichts mehr als die Kleider auf dem Leib und ein Stückchen Brot in der Hand, das ihm ein mitleidiges Herz geschenkt hatte. Es war aber fromm und gut. Und weil es so von aller Welt verlassen war, ging es, im Vertrauen auf den lieben Gott, hinaus ins Feld. Da begegnete ihm ein armer Mann, der sprach: „Ach, gib mir etwas zu essen, ich bin so hungrig." Es reichte ihm das ganze Stückchen Brot und sagte: „Gott segne dir's", und ging weiter. Da kam ein Kind, das jammerte und sprach: „Es friert mich so an meinem Kopfe, schenk mir etwas, womit ich ihn bedecken kann." Da tat es seine Mütze ab und gab sie ihm. Und als es noch eine Weile gegangen war, kam wieder ein Kind und hatte kein Leibchen an und fror; da gab es ihm seines; und noch weiter, da bat eines um ein Röcklein, das gab es auch von sich hin. Endlich gelangte es in einen Wald, und es war schon dunkel geworden, da kam noch eines und bat um ein Hemdlein; und das fromme Mädchen dachte: „Es ist dunkle Nacht, da sieht dich niemand, du kannst wohl dein Hemdchen weggeben", und zog das Hemd ab und gab es auch noch hin. Und wie es so stand und gar nichts mehr hatte, fielen auf einmal die Sterne vom Himmel und waren lauter harte, blanke Taler; und ob es gleich sein Hemdlein weggegeben, so hatte es ein neues an, und das war von allerfeinstem Linnen. Da sammelte es sich die Taler hinein und war reich für sein Lebtag.

Anmerkung:
Um die Zeit, wenn die Kinder mit Laternen gehen und ihnen die Legende von Sankt Martin und dem Bettler erzählt wird, spiele ich gerne mit ihnen das Märchen von den Sterntalern. Das Sterntalerkind schenkt – wie Sankt Martin – selbstverständlich und in der Stille her, was es geben kann, und wird dafür sogar mit Sternen belohnt.

Es wird jetzt schon früh dunkel, die Sterne leuchten von oben herab, unsere Laternen leuchten von unten hinauf und erfreuen die Kinderherzen. Die Lichter verbreiten Helligkeit und Wärme – wie die Gaben von Sankt Martin und dem Sterntalerkind.

So führen wir die Kinder durch das von Ruhe geprägte Spiel gut auf die Vorweihnachtszeit hin. Der Ritt mit Sankt Martins Pferd bringt uns zwar immer wieder in Bewegung, aber der Laternenzug und das einfache Gebärden- und Marionettenspiel zum Sterntalermärchen führen uns immer wieder zu Ruhe und Besinnlichkeit.

7.2. Vorschläge zum Verlauf einer Spielstunde

7.2.1. Einstimmung mit Lied und Klangspiel

Sternenklang   Text und Melodie: Waltraud Fink-Klein

Es soll be - gin - nen!

Die Erzieherin sitzt an einem Tisch, auf diesem steht ein Satz pentatonisch gestimmter Choroi-Klangröhren. Sie singt den Anfang des Liedes und spielt dann frei auf den Klangröhren „Sternentöne", dann singt sie das Lied zu Ende.

7.2.2. Hinführung

Von Sternen, die vom Himmel gefallen sind, will ich euch heute erzählen.

(Viele Kinder kennen das Märchen von den Sterntalern. Wenn nun gleich der Ruf ertönt: „Kenn' ich schon!", entgegne ich: „Das ist gut, dann können wir es bald zusammen spielen.")

7.2.3. Spieldurchführung

a) Gebärdenspiel (Märchentext ohne Ausweitung):

Es war einmal ein kleines Mädchen, dem waren Vater und Mutter gestorben, und es war so arm, daß es kein	sich den Kindern zuwenden
Kämmerchen mehr hatte,	den Kopf verneinend hin- und herdrehen, Arme im Bogen außen nach vorne führen
darin zu wohnen,	Kopf schütteln
und kein Bettchen mehr,	Hände zusammenlegen und langsam zur linken Wange führen, den Kopf ruhend
darin zu schlafen,	auflegen
und endlich gar nichts mehr,	Geste auflösen, Kopf schütteln
als die Kleider auf dem Leib	an den Kleidern entlangstreichen
und ein Stück Brot in der Hand,	beide Hände zur Schale formen, auf das „Brot" schauen
das ihm ein mitleidiges Herz geschenkt hatte.	

Es war aber gut und fromm.	Hände falten, nicken
Und weil es so von aller Welt	Hände in den Schoß legen
verlassen war,	
ging es, im Vertrauen auf den	Finger langsam auf den
lieben Gott, hinaus ins Feld.	Oberschenkeln bis zu den
	Knien wandern lassen
Da begegnete ihm ein armer	einhalten, zu den Kindern
Mann,	schauen
der sprach: „Ach, gib mir etwas	die linke Hand bittend aufhalten
zu essen, ich bin so hungrig."	
Es reichte ihm das ganze	die Finger der rechten Hand
Stückchen Brot und sagte:	locker (gebend) in den linken
	Handteller legen
„Gott segne dir's",	darauf schauen, leicht nicken
und ging weiter.	Finger wieder wandern lassen
Da kam ein Kind,	einhalten, zu den Kindern
	schauen
das jammerte und sprach: „Es	Hände langsam zum Kopf
friert mich so an meinem Kopfe,	führen, den Kopf umfassen
schenk mir etwas, womit ich	Hände herunternehmen, linke
ihn bedecken kann."	Hand bittend aufhalten
Da tat es seine Mütze ab	mit der rechten die Mütze
und gab sie ihm.	abnehmen, Geste „Geben"
	wiederholen
Und als es noch eine Weile	Finger wandern lassen
gegangen war,	
kam wieder ein Kind	einhalten, zu den Kindern
	schauen
und hatte kein Leibchen an	auf den Körper zeigen
und fror;	
da gab es ihm seines;	Gesten „Bitten" und „Geben"
und noch weiter,	Finger wandern lassen
da bat eines um ein Röcklein,	das Röcklein andeuten
das gab es auch von sich hin.	Gesten „Bitten" und „Geben"
Endlich gelangte es in einen Wald,	Finger wandern lassen
und es war schon dunkel	einhalten, zu den Kindern
geworden,	schauen
da kam noch eines	Hände auf den Oberschenkeln
	aufstützten, bei „noch"
	Oberkörper leicht vorbeugen
und bat um ein Hemdlein;	am Körper entlangstreichen

und das fromme Mädchen dachte:	Hände ruhig auf den Ober-
„Es ist dunkle Nacht, da sieht	schenkeln liegen lassen
dich niemand, du kannst wohl	
dein Hemd weggeben",	zu den Kinder schauen
und zog das Hemd ab	„Hemd" mit beiden Händen
	über den Kopf ziehen
und gab es auch noch hin.	Gesten „Bitten" und „Geben"
Und wie es so stand und gar	Hände öffnen und nach unten
nichts mehr hatte,	ausstrecken
	Hände langsam „zum Himmel"
	heben
fielen auf einmal die Sterne	Fingerkuppen sind eng
vom Himmel	zusammengelegt und gehen
	impulsartig nach vorne
	auf und zu (glitzernd)
und waren lauter harte,	staunend auf die Erde schauen
blanke Taler;	
und ob es gleich sein Hemdlein	am Körper entlangstreichen
weggegeben,	Gesten „Bitten" und „Geben"
so hatte es ein neues an, und das	ehrfürchtig am „neuen
war von allerfeinstem Linnen.	Hemdlein" entlangstreichen
Da sammelte es sich die Taler	Taler einsammeln
hinein	
und war reich für sein Lebtag.	Hände in den Schoß legen

b) Sterntalerlied:

ruhig zu singen   Text und Melodie: Waltraud Fink-Klein

Ster - ne fal - len vom Him - mel her - nie - der,

wer - den Ta - ler fürs Kind;

auch ein Hemd - lein hat es wie - der,

un - ser Stern - ta - ler - kind.____

Dazu erklingen zart die Sternentöne: Choroi-Klangröhren aus Messing in der Reihe: d', e', g', a', h', d", e". Anschlag mit den Fingernägeln oder ganz sachte mit einem weichen Klöppel.

c) Tänzchen:

So gut geht es dem Sterntalerkind, Töne nachklingen lassen
da tanzen wir vor Freud'   aufstehen, die Kinder zum Kreis
geschwind.   herbeiwinken

Text und Melodie: Waltraud Fink-Klein

1.–4. Hei - ßa - hei, ge - schwind,__ ge - schwind,

1. tanzt__ hier___ je - des Kind.
2. hüpft__ hier___ je - des Kind.
3. dreht__ sich___ je - des Kind.
4. läuft__ hier___ je - des Kind.

Bewegungen:
Die Erzieherin tanzt ohne Erklärung, die Kinder tanzen diese einfache Form gleich mit:

1. Strophe:

Heißa-hei,   bei: x weich und federnd
  x   x   klatschen
geschwind,   Hände zum großen Kreis fassen
geschwind, tanzt hier im großen Kreis im Uhrzeiger-
jedes Kind.   sinn mitgehen
                        Hände lösen
                        1. Strophe wiederholen.

2. Strophe:

Heißa-hei,	2 x klatschen
geschwind,	Hände fassen (evtl. auch ohne anfassen)
geschwind, hüpft hier jedes Kind.	Schlußsprünge am Platz
	2. Strophe wiederholen

3. Strophe:

Heißa-hei,	2 x klatschen
geschwind,	sich einzeln am Platz drehen
geschwind, dreht sich jedes Kind.	
	3. Strophe wiederholen

4. Strophe:

Heißa-hei,	2 x klatschen
geschwind, geschwind, läuft hier jedes Kind.	Hände fassen im Uhrzeigersinn im Kreis laufen 4. Strophe wiederholen
Da gehen alle Kinder nun zu dem Stühlchen, um zu ruh'n.	die Kinder setzen sich auf oder knien sich neben den Stuhl, dann kann der Kopf weich auf den Armen ruhen, die auf der Sitzfläche liegen
Und ich spiele euch zur Ruh' ein kleines Liedlein zu.	ruhiges Spiel der Sternentöne, ganz zart (evtl. nur mit den Fingernägeln)

Nun spielen wir alles gemeinsam:

d) Gemeinsames Bewegungsspiel im Raum:

Es war einmal ein kleines Mädchen, dem waren Vater und Mutter gestorben, und es war so arm, daß es kein Kämmerchen mehr hatte, darin zu wohnen, und kein Bettchen mehr, darin zu schlafen, und endlich gar nichts mehr, als die Kleider auf dem Leib und ein Stückchen Brot in der	zu Beginn spielen wir im Sitzen oder im Stehen das Gebärdenspiel, Bewegungen siehe Seite 128

Hand, das ihm ein mitleidiges Herz geschenkt hatte.	
Es war aber fromm und gut.	
Und weil es so von aller Welt verlassen war, ging es,	freies Gehen im Raum
im Vertrauen auf den lieben Gott, hinaus ins Feld.	

* Es geht hinaus ins Feld,
hinaus ins Feld,
es geht hinaus ins Feld,
hinaus ins Feld.*

Da begegnete ihm ein armer Mann,	stehenbleiben
der sprach: „Ach, gib mir etwas	Geste „Bitten"
zu essen, ich bin so hungrig."	
Es reichte ihm das ganze	Geste „Geben"
Stückchen Brot und sagte:	
„Gott segne dir's."	

* Da sagt' der Mann: „Ich danke	sich dankend verbeugen
schön, jetzt kann ich meines	winken
Weges geh'n!"	

Weiter geht's ins Feld hinaus,	weitergehen
hinaus ins Feld,	
es geht hinaus ins Feld,	
hinaus ins Feld.*	

Da kam ein Kind,	stehenbleiben
das jammerte und sprach:	Gebärden siehe Seite 129
„Es friert mich so an meinem	
Kopfe, schenk mir etwas,	
womit ich ihn bedecken kann."	
Da tat es seine Mütze ab	
und gab sie ihm.	

* Da sagt' das Kind: „Ich danke	sich dankend verbeugen
schön, jetzt kann ich meines	winken
Weges geh'n!"	

Weiter geht's ins Feld,	weitergehen
hinaus ins Feld,	
es geht hinaus ins Feld,	
hinaus ins Feld.*	

---

* = Texteinfügungen: Waltraud Fink-Klein.

Und als es noch eine Weile ge-
gangen war, kam wieder ein Kind   stehenbleiben
und hatte kein Leibchen an   Gebärden siehe Seite 129
und fror; da gab es ihm seines.

* Da sagt' das Kind: „Ich danke   sich dankend verbeugen
schön, jetzt kann ich meines   winken
Weges geh'n!"

Weiter geht's ins Feld,   weitergehen
hinaus ins Feld,
es geht hinaus ins Feld,
hinaus ins Feld.*

Und noch weiter,
da bat eines um ein Röcklein,   stehenbleiben
das gab es auch von sich hin.   Gebärden siehe Seite 129

* Da sagt' das Kind: „Ich danke   sich dankend verbeugen,
schön, jetzt kann ich meines   winken
Weges geh'n!"

Weiter geht's ins Feld,   weitergehen
hinaus ins Feld,
es geht hinaus ins Feld,
hinaus ins Feld.*

Endlich gelangte es in einen Wald, stehenbleiben
und es war schon dunkel
geworden, da kam noch eines   Gebärden siehe Seite 129
und bat um ein Hemdlein;
und das fromme Mädchen dachte:
„Es ist dunkle Nacht, da sieht
dich niemand, du kannst wohl
dein Hemd weggeben",
und zog das Hemd ab und
gab es auch noch hin.

* Da sagt' das Kind: „Ich danke   sich dankend verbeugen
schön, jetzt kann ich meines   winken
Weges geh'n!" *

Und wie es so stand und gar   Gebärden siehe Seite 129
nichts mehr hatte, fielen auf
einmal die Sterne vom Himmel
und waren lauter harte, blanke

*Taler; und ob es gleich sein
Hemdlein weggegeben,
so hatte es ein neues an, und das
war von allerfeinstem Linnen.
Da sammelte es sich die Taler
hinein und war reich für sein Lebtag.*

e) Sterntalerlied:

ruhig zu singen   Text und Melodie: Waltraud Fink-Klein

Ster - ne fal - len vom Him - mel her - nie - der,

wer - den Ta - ler fürs Kind;

auch ein Hemd - lein hat es wie - der,

un - ser Stern - ta - ler - kind.

Dazu erklingen zart die Sternentöne: Choroi-Klangröhren aus
Messing in der Reihe: d', e', g', a', h', d'', e''. Anschlag mit den
Fingernägeln oder ganz sachte mit einem weichen Klöppel.

f) Tänzchen mit Bewegungsvorschlägen der Kinder:

So gut geht es dem Sterntalerkind,	Töne nachklingen lassen
	zu den Kinder sprechen
da tanzen wir vor Freud'	aufstehen, die Kinder zum Kreis
geschwind.	herbeiwinken

Text und Melodie: Waltraud Fink-Klein

1.–4. Hei - ßa - hei, ge - schwind, _ ge - schwind,

1. tanzt__	hier__	je - des	Kind.
2. hüpft__	hier__	je - des	Kind.
3. dreht__	sich__	je - des	Kind.
4. läuft__	hier__	je - des	Kind.

Bewegungen:
Die Erzieherin tanzt ohne Erklärung, die Kinder tanzen diese
einfache Form gleich mit:

1. Strophe:

Heißa-hei,	bei: x weich und federnd
x x	klatschen
geschwind,	Hände zum großen Kreis fassen
geschwind, tanzt hier	im großen Kreis im Uhrzeiger-
jedes Kind.	sinn mitgehen
	Hände lösen
	1. Strophe wiederholen

2. Strophe:

Heißa-hei,	2 x klatschen
geschwind,	Hände fassen (evtl. auch ohne
	anfassen)
geschwind, hüpft	Schlußsprünge am Platz
hier jedes Kind.	
	2. Strophe wiederholen

3. Strophe:

Heißa-hei,	2 x klatschen
geschwind,	sich einzeln am Platz drehen
geschwind, dreht	
sich jedes Kind.	
	3. Strophe wiederholen

4. Strophe:

Heißa-hei,	2 x klatschen
geschwind,	Hände fassen
geschwind, läuft	im Uhrzeigersinn im Kreis
hier jedes Kind.	laufen
	4. Strophe wiederholen
Was machen wir noch?	Kinder erfinden eigene
Sagt es mir doch!	Bewegungen, ein paar werden
	gleich, andere später auf-
	genommen. Jedes Kind soll –
	wenn es will – eine Bewegung
	vorschlagen können
Da gehen alle Kinder nun	die Kinder setzen sich auf oder
zu dem Stühlchen, um zu ruh'n.	knien sich neben den Stuhl,
	dann kann der Kopf weich auf
	den Armen ruhen, die auf der
	Sitzfläche liegen
Und ich spiele euch zur Ruh'	ruhiges Spiel der
ein kleines Liedlein zu.	Sternentöne, ganz zart
	(evtl. nur mit den Fingernägeln)
	anschlagen

7.2.4. Verabschiedung mit Lied siehe Seite 17

7.3. Spielesammlung

7.3.1. Die Kinder spielen die Sternentöne:

Die Choroi-Klangröhren aus Messing[9] sind bei diesem Spiel die Sternentöne und stehen spielbereit auf einem Tisch (siehe auch die erste Spielstunde).

Wenn die pentatonische Reihe angeboten wird, können alle Sternentöne erklingen, und wir können ganz in das Klanggeschehen eintauchen.

---

[9] Zu beziehen bei „Kunst und Spiel", München, und in manchen Musikgeschäften.

Zuerst singt und spielt die Erzieherin das Sterntalerlied, dann geht sie, die ersten zwei Liedzeilen wiederholend, herum, bleibt vor einem Kind stehen, überreicht diesem einen weichen Klöppel und lädt es zum Musizieren ein. Dieses Kind gibt nach dem freien Spiel den Klöppel an ein anderes Kind weiter. Waren alle Kinder einmal „Sternenmusikanten", so singen wir das Lied zu Ende. Das Spiel kann beginnen.

Zum „Sterntalerlied" teilt die Erzieherin jedem Kind eine Klangröhre aus, diese wird sorgsam aus ihrem Tüchlein gewickelt. Nun klingen die Sternentöne erstmals ganz zart mit den Fingernägeln, später kann auch ein weicher Klöppel dazu ausgeteilt werden. Gut ist, wenn die Erzieherin auch mitspielt und sehr sachte anschlägt – jeweils nur im ersten Teil des Liedes, im zweiten Teil deuten wir mit den Händen die Taler und das Hemdchen an, sonst wird der Klang zu berauschend und undifferenziert.
Nach dem Spiel wird die Klangröhre wieder sorgsam eingewickelt, die Erzieherin geht mit dem Korb herum und die Kinder stellen den Sternenton zurück.

Denkbar ist auch, daß die Kinder nach der Ruhephase zu der Erzieherin kommen und dort mit ihr zusammen auf den bereitgestellten Klangröhren spielen:
„Ja, mit unseren Sternentönen funkeln die Sterne vom Himmel, die schönen."

7.3.2. Bewegungsspiel im Raum mit verteilten Rollen (ab 6 Jahren)

Der Spielverlauf ist derselbe wie beim Bewegungsspiel in der 1. Spielstunde (siehe Seite 132), nur werden die Rollen diesmal an einzelne Kinder verteilt. Natürlich ist die Rolle des Sterntalermädchens sehr begehrt – hierfür kann vielleicht ein Kind, das gerade Geburtstag hatte, oder ein sehr stilles Kind erkoren werden. Die anderen Kinder bleiben vorerst auf ihren Stühlen sitzen. Nun geht das Mädchen hinaus ins Feld, dann kommt der Mann auf das Sterntalerkind zu, bittet um etwas zu essen, bekommt die Gabe, bedankt sich, winkt und geht wieder zurück.

Das Sterntalerkind geht weiter und trifft das erste Kind. Dieses kommt auch herbei, und so kann der nun schon bekannte Spielverlauf mit dem gleichen Text reibungslos vonstatten gehen.

Nachdem nun sechs Kinder gespielt haben, kommen die nächsten sechs Kinder ins Spiel. In einer meiner Gruppen mit Kindern von 6 bis 7 Jahren wurde sogar gewünscht, daß wir so oft das Spiel wiederholen, bis alle einmal das Sterntalerkind waren!)

Möglich ist auch, durch das folgende Liedchen (welches dann auch bei dem Marionettenspiel, Seite 140, gesungen wird) das Bitten und Schenken noch mehr hervorzuheben. Zu diesem Lied erklingen Schellenstäbchen oder kleine Rasseln und Fingerzimbeln, welche von den zuschauenden Kindern gespielt werden können.

Text und Melodie: Waltraud Fink-Klein

1. Lie- bes Kind, mich hun- gert sehr, bit- te gib mir was zu es - sen her. Nimm das Stück- chen Brot von mir. Gott seg - ne es dir!

Bei „hungert" und „friert": Schellenstäbe oder kleine Rasseln schütteln
Bei „segne" und „schenke": hängende Fingerzimbeln gegeneinander anschlagen

2. Liebes Kind, mich friert so sehr,
bitte gib mir was zum Anziehen her.
Nimm die Mütze hier von mir,
ich schenke sie dir!

3. Liebes Kind, mich friert so sehr,
bitte gib mir was zum Anziehen her.
Nimm das Leibchen hier von mir,
ich schenke es dir!

4. Liebes Kind, mich friert so sehr,
bitte gib mir was zum Anziehen her.
Nimm das Röcklein hier von mir,
ich schenke es dir!

5. Liebes Kind, mich friert so sehr,
bitte gib mir was zum Anziehen her.
Nimm das Hemdchen hier von mir,
ich schenke es dir!

7.3.3. Marionettenspiel mit Liedern und Musik

Die Bastelanleitung für die Marionetten befinden sich auf Seite
150.
Die Erzieherin hat alles für das Spiel vorbereitet: Die Bühne
ist mit Tüchern, Steinen, Zapfen, Hölzern und Blättern bereits

aufgebaut, die einfachen Marionetten hängen in der richtigen Reihenfolge hinter der Bühne auf einem Ständer. Es ist sehr wichtig, daß man sie leicht abnehmen kann.

Eine andere Erzieherin oder zwei Schulkinder haben seitlich auf zwei kleinen Tischen Instrumente bereitgestellt, welche zum Marionettenspiel erklingen sollen: eine kleine Harfe oder ein Saitenspiel[10] für das Vorspiel, eine kleine Trommel oder ein Xylophonton begleiten das Gehen in Feld und Wald, Schellen oder Rasseln das Hungern und Frieren, Fingerzimbeln das Schenken. Damit das Ganze übersichtlich bleibt, beschreibe ich nun hauptsächlich das Marionettenspiel, führe die Instrumente am Rand auf und gebe zusätzlich noch ein paar Spielhinweise.

Ein kleines Vorspiel auf der Harfe leitet das Spiel ein:

Es war einmal ein kleines Mädchen, dem waren Vater und Mutter gestorben, und es war so arm, daß es kein Kämmerchen mehr hatte, darin zu wohnen, und kein Bettchen mehr, darin zu schlafen, und endlich gar nichts mehr als die Kleider auf dem Leib und ein Stückchen Brot in der Hand, das ihm ein mitleidiges Herz geschenkt hatte. Es war aber gut und fromm. Und weil es so von aller Welt

von der rechten Seite (von der Erzieherin aus gesehen) kommt das Kind – eine zart hellblaue Marionette – ruhigen Schrittes bei „kein" stehenbleiben und leicht hin- und herbewegen

etwas mit dem rechten Arm auf- und abfahren
rechte Hand leicht nach vorne führen

---

10 Bausätze erhältlich bei: Christoph Löcherbach, Klangwerkstatt, 86865 Markt Wald.

verlasssen war, ging es,
im Vertrauen auf den lieben
Gott, hinaus ins Feld.

gehen, mit ruhigen Schritten

Es geht hinaus ins Feld,
hinaus ins Feld
es geht hinaus ins Feld,
hinaus ins Feld.

Xylophon- oder Trommelton

stehenbleiben

Da begegnete ihm ein armer
Mann, der sprach: „Ach,
gib mir etwas zu essen,
ich bin so hungrig."

von der linken Seite kommt
eine bräunliche Marionette

Lie-bes Kind, mich hun-gert sehr,

bit-te gib mir was zu es-sen her.

Bei „hungert":
Schellen-
stäbchen
oder Rassel
schütteln

Es reichte ihm das ganze Stück-
chen Brot und sagte:
„Gott segne dir's".

Sterntalers rechte Hand gibt
dem Mann das imaginäre Brot
in die linke Hand

Nimm das Stück-chen Brot von

mir, Gott seg - ne es dir!

Bei „segne":
Finger-
zimbeln
anschlagen

Da sagt der Mann: „Ich danke
schön, jetzt kann ich meines
Weges geh'n!"

verbeugen
winken, abgehen

Marionette: Mann weglegen

Weiter geht's ins Feld,   Sterntalerkind geht weiter
hinaus ins Feld,
es geht hinaus ins Feld,   Xylophon- oder Trommelton
hinaus ins Feld.

Da kam ein Kind,   Kind (rosa Marionette) herholen,
das jammerte und sprach: Kind und Sterntalerkind gehen
                                   aufeinander zu
„Es friert mich so an meinem   stehenbleiben
Kopfe, schenk mir etwas,   Hand zum Kopf führen,
womit ich ihn bedecken kann."   herunternehmen

Bei „friert":
Schellenstäb-
chen oder
Rasseln
schütteln

Lie- bes Kind, mich friert so sehr,

bit - te gib mir was zum

An - zieh'n her.

Da tat es seine Mütze ab   Sterntalers rechte Hand gibt
und gab sie ihm.   dem Kind die imaginäre Mütze
                                   in die linke Hand

Bei „schenke":
Finger-
zimbeln
anschlagen

Nimm die Müt - ze hier von

mir, ich schen - ke sie dir!

Da sagt das Kind: „Ich danke   verbeugen
schön, jetzt kann ich meines   winken, Kind geht ab
Weges geh'n!"

Weiter geht's ins Feld,
hinaus ins Feld,
es geht hinaus ins Feld,
hinaus ins Feld.
Und als es noch eine Weile
gegangen war,
kam wieder ein Kind
und hatte kein Leibchen an
und fror;

Sterntalerkind geht weiter

Xylophon- oder Trommelton

Kind kommt

Lie - bes Kind, mich friert so sehr,

bit - te gib mir was zum

An - zieh'n her.

Bei „friert":
Schellen-
stäbchen
oder Rassel
schütteln

da gab es ihm seins.

Geste „Geben"

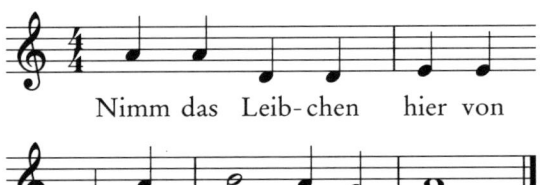

Nimm das Leib-chen hier von

mir, ich schen - ke es dir!

Bei „schenke":
Finger-
zimbeln
anschlagen

Da sagt das Kind: „Ich danke
schön, jetzt kann ich meines
Weges geh'n!"

Weiter geht's ins Feld,
hinaus ins Feld,

verbeugen
winken, Kind geht ab

Sterntalerkind geht weiter

Xylophon- oder Trommelton

weiter geht's ins Feld,
hinaus ins Feld.

Und noch weiter,
da bat eins um ein Röcklein,   Kind kommt

Lie - bes Kind, mich   friert so sehr,   Schellen-
                                                stäbchen
                                                oder Rassel

bit - te   gib   mir   was   zum

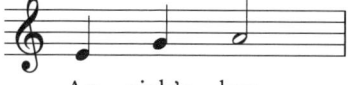

An - zieh'n   her.

das gab es auch von sich hin.   Geste „Geben"

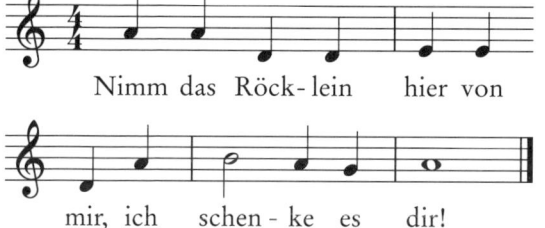

Nimm das   Röck - lein   hier von   Finger-
                                              zimbeln
                                              anschlagen

mir, ich   schen - ke   es   dir!

Da sagt das Kind: „Ich danke   verbeugen
schön, jetzt kann ich meines   winken, Kind geht ab
Weges geh'n!"

Weiter geht's ins Feld,   Sterntalermarionette geht weiter
hinaus ins Feld,
es geht hinaus ins Feld,   Xylophon- oder Trommelton
hinaus ins Feld.

Endlich gelangte es in den Wald, gehen
und es war schon dunkel
geworden,
da kam noch eines Kind kommt
und bat um ein Hemdlein;

Schellen-
stäbchen
oder Rassel

Lie - bes Kind, mich friert so sehr,

bit - te gib mir was zum

An - zieh'n her.

und das fromme Mädchen dachte:
„Es ist dunkle Nacht, da sieht
dich niemand, du kannst wohl
dein Hemd weggeben",
und zog das Hemd ab über das „Hemd" streichen
und gab es auch noch hin. Geste „Geben"

Finger-
zimbeln

Nimm das Hemd- chen hier von

mir, ich schen - ke es dir!

Da sagt das Kind: „Ich danke verbeugen
schön, jetzt kann ich meines winken, Kind geht ab
Weges geh'n!"

Und wie es so stand und gar
nichts mehr hatte, fielen auf

einmal die Sterne vom Himmel   Sternentöne
und waren lauter harte,
blanke Taler.

Ster - ne   fal - len vom Him - mel her - nie - der,

wer - den   Ta - ler   fürs   Kind.

Und ob es gleich sein Hemdlein
weggegeben,   Geste „Geben"
so hatte es ein neues an,   am Arm auf- und abstreichen
und das war von
allerfeinstem Linnen.

Auch   ein   Hemd - lein   hat   es   wie - der,

un - ser   Stern - ta - ler - kind.

Da sammelte es sich   Sammelgeste andeuten
die Taler hinein
und war reich für sein Lebtag.

7.4. Spielhinweise für das Musizieren zum Marionettenspiel

Das kleine Vorspiel, das auch improvisiert werden kann, ertönt auf der Harfe oder auf dem Saitenspiel. Danach schmücken die anderen Instrumente das Geschehen sachte und ganz zart aus.

So erklingt zum Gehen des Sterntalerkindes ein selbstgebasteltes Trömmelchen, welches ganz leicht mit der Hand angeschlagen wird, oder ein Choroi-Xylophonton a', mit einem
weichen Klöppel angeschlagen. x bezeichnet den Rhythmus:

Es geht hinaus ins Feld, ...
  x   x   x

Wenn vom Frieren und Hungern die Rede ist, wird ein Schellenstäbchen oder eine kleine Rassel (siehe Foto Seite 148) zum Wort ganz freimetrisch geschüttelt.

Beim Schenken erklingt einmal ein Ton von den waagerecht hängenden Fingerzimbeln (siehe Seite 148), die gegeneinander angeschlagen werden.

Die Fingerzimbeln legen wir auf eine weiche Unterlage zurück, damit sie nicht klappern und so den Spielverlauf stören.

Alle Instrumente sollen so geschickt liegen, daß sie leicht zu erreichen sind.

Dann dürfen die Kinder selber mit den Marionetten spielen:

7.5. Bastelanleitung einfache Marionetten

(Zur Veranschaulichung dient das Foto auf Seite 140.)

Wieder geht es sehr leicht und schnell, diese Marionetten herzustellen, ähnlich wie bei den Tischpuppen zum „süßen Brei". Ich habe mir auch sehr schöne Seidenmarionetten gemacht, mit denen ich den Kindern vorspiele.

Wir brauchen ein paar von den Nylontüchern (Breitücher, Frühlingstücher). Ich wählte für das fromme Sterntalerkind die Farbe hellblau, für die Kinder verschiedene helle rosa Töne, für den Mann ein leichtes Braun.

In die Mitte eines ausgebreiteten Tüchleins wird ein lockeres, Kinderfaust-großes Knäuel (ungesponnene Schafwolle) gelegt und mit einem Faden abgebunden.

Für die Arme nehmen wir zwei gegenüberliegende Zipfel, machen in diese kleine Knoten, in welche zum Beschweren ein kleiner Stein gelegt wird. Durch diese Knoten ziehen wir Fäden zum Aufhängen. Der untere Teil hängt frei.

Am Kopf wird ebenfalls ein Faden angebracht, nun kann die Marionette an ein Stäbchen von ca. 30 cm Länge angeknotet werden. Dabei ist zu beachten, daß die Fäden nicht zu lang sind und die Hände locker herunterhängen.

7.6. Laternenlied zum Martinstag

1. Wir tra - gen die La - ter - ne und ge - hen hin - ein in die Nacht.____ Von o - ben leuch - ten die Ster - ne, sie hal - ten am Him-mels-zelt Wacht.____ *Refr.:* Sankt Mar - tin, Sankt Mar - tin, du rei-test durch die Nacht.____ Du teilst dei - nen Man - tel, hast Freu - de ge - bracht._____

2. Wir tragen die Laterne und singen hinein in die Nacht. Von oben leuchten die Sterne, sie halten am Himmelszelt Wacht.
Refrain

3. Wir tragen die Laterne, es leuchtet und klingt in der Nacht. Von oben leuchten die Sterne, sie halten am Himmelszelt Wacht.
Refrain

Spielmöglichkeiten zum Laternenlied:

a) Im Sitzen:

	Lied singen und sich bewegen
Wir tragen die Laterne und gehen hinein in die Nacht.	auf beiden Händen oder in einer Hand gestenhaft eine Laterne tragen
Von oben leuchten die Sterne,	beide Hände werden zu funkelnden Sternen: durch schnelles Öffnen und Schließen schicken sie kleine Impulse in die Welt
sie halten am Himmelszelt Wacht.	die Handinnenflächen schauen senkrecht nach vorne Handinnenflächen stehen in Kopfhöhe still
Sankt Martin, Sankt Martin, du reitest durch die Nacht.	mit den Füßen galoppieren Liedtempo der Bewegung anpassen, reiten wiederholen
Du teilst deinen Mantel,	still halten, linken Arm diagonal nach oben als Mantel hinhalten, rechte Hand wird zum Schwert und teilt den Mantel
hast Freude gebracht.	3 x leicht klatschen

b) Bewegungsspiel im Raum:

	Lied singen und sich bewegen
Wir tragen die Laterne und gehen hinein in die Nacht.	mit der imaginären Laterne hintereinander im Laternenzug umhergehen
von oben leuchten die Sterne, sie halten am Himmelszelt Wacht.	stehenbleiben, Sternengeste Geste „Wachen"
Sankt Martin, Sankt Martin, du reitest durch die Nacht,	freies Galoppieren im Raum, evtl. wiederholen
du teilst deinen Mantel, hast Freude gebracht.	stehenbleiben, Bewegungen wie oben

c) Klangspiel:

Alle Kinder sitzen auf ihren Stühlen, die Erzieherin holt einen
Korb mit Glockentönen (Choroi-Klangröhren aus Messing)
und Xylophontönen herbei. Diese sind – dem Lied entsprechend – pentatonisch gestimmt.
    Die Erzieherin nimmt sich einen Glockenton und einen Xy-
lophonton a' heraus, stellt beide Töne sorgfältig vor sich hin.
Nun spielt sie zum bereits bekannten Lied:

Wir <u>tra</u>gen die La<u>ter</u>ne	zarter Anschlag auf dem
und <u>ge</u>hen hinein in die <u>Na</u>cht.	Glockenton, wie durch
Von <u>o</u>ben <u>leuch</u>ten die <u>Ster</u>ne,	Unterstreichung markiert
sie halten am Himmelszelt	Klöppel hoch- und runter-
<u>Wa</u>cht.	führen, letzter Anschlag
Sankt <u>Mar</u>tin, Sankt <u>Mar</u>tin,	Xylophontöne wie unterstrichen
du <u>rei</u>test <u>dur</u>ch die <u>Na</u>cht,	Teilungsgeste mit Klöppel:
du teilst deinen Mantel	im Wechsel
hast Freude gebracht.	Xylophon, Glockenton,
	Xylophon

d) Laternenzug mit Reiter und Bettler:

Die Hälfte der Kinder darf heute eine Laterne tragen und zum
Lied umherziehen, die Erzieherin geht zunächst voraus, später
musiziert sie, wie beschrieben, zum Lied.
    Drei Kinderpaare dürfen St. Martin und den Bettler spielen.
Sie sitzen im Raum verteilt und St. Martin reitet von außen zu
seinem Bettler hin, teilt den Mantel und gibt den halben dem
Bettler. Die Laternenkinder bleiben dabei stehen und singen
weiter. Auch St. Martin reitet weg, und das Spiel beginnt von
vorne.

Um nicht allzuviel Unruhe hineinzubringen, ist es ratsam, die
Rollen erst bei der Spielwiederholung am folgenden Tag oder in
der nächsten Woche zu wechseln.

7.7. Lied „Mondschein und Sterne"

Verfasser unbekannt

Mond-schein und Ster - ne, sie leuch-ten nah und fer - ne, sie leuch-ten nah und fer - ne.

Denn die Sonn' ist un - ter - ge - gan - gen, komm, lie - ber Mond, komm, lie - ber Stern, kommt, al - le Kin - der, mit der La - tern'.

Mit der dün-nen, lan - gen, der run-den an der Stan - gen, der gel-ben, ro - ten, ek - ki-gen, der grü - nen, blau - en, schek - ki - gen. Kommt all und seht die Licht-lein pran - gen.

a) Bewegungsspiel:

	in der Raummitte stehen soviel brennende Laternen, wie Kinder im Raum sind. Alle stehen im Kreis darum herum
Mondschein	Lied singen und sich bewegen mit beiden Händen einen großen Kreis formen, die Handinnenflächen nach außen gekehrt
und Sterne, *sie leuchten nah und ferne,* *sie leuchten nah und ferne.*	beide Hände machen die Sternengeste (wie oben) Mondgeste mit umgekehrter Bewegung; von oben nach unten
Denn die Sonn' ist *untergegangen,*	beide Hände mit gespreizten Fingern nebeneinander halten und im Bogen von links nach rechts führen
komm' lieber Mond,	den Mond mit beiden Händen von links herbeiwinken,
komm' lieber Stern, *kommt, alle Kinder* *mit der Latern'.* *Mit der dünnen langen,* *der runden an der Stangen,* *der gelben roten eckigen,* *der grünen blauen scheckigen,*	ebenso den Stern von rechts Kinder gehen zur Mitte und nehmen eine Laterne auf umhergehen
kommt all *und seht die Lichtlein* *prangen.*	stehenbleiben Laterne hoch- und herunter-nehmen, weitergehen, Lied wiederholen, diesmal ohne Gesten

7.8. Vorschläge zum Spielstundenaufbau

In der *zweiten Spielstunde* lassen zur Einstimmung die Kinder die Sternentöne erklingen, dann erfolgt das Gebärdenspiel, und danach wird das Tänzchen aufgeführt. Bei größeren Kindern kann nun vielleicht das Bewegungsspiel im Raum schon mit Rollenverteilung gespielt werden. Zum Sterntalerlied spielen jedesmal die Kinder auf den Sternentönen. Mit dem Lied zur Verabschiedung endet die Stunde.

Vielleicht tragen die Kinder in der *dritten Spielstunde* eine imaginäre Laterne und reiten mit Sankt Martin durch die Nacht.

Die Kinder gehen „nach Hause", und hier bekommen sie das Marionettenspiel von der Erzieherin vorgespielt. Sie hat schon vor der Stunde die Bühne und die Marionetten hergerichtet und mit Tüchern bedeckt. Zwei große Kinder spielen auf den Instrumenten dazu.

Das Tänzchen mit von den Kindern erfundenen Bewegungen schließt sich an, und die Kinder spielen nach der Ruhephase wieder auf den Sternentönen mit.

Noch einmal tragen die Kinder ihre Laterne, und Sankt Martin reitet helfend herbei. Dann gehen alle nach Haus – wir singen das Lied zur Verabschiedung.

In der *vierten Spielstunde* erklingt zur Einstimmung das Sterntalerlied mit den Sternentönen. Anschließend spielt die Erzieherin zu dem Lied „Wir tragen die Laterne" mit den Instrumenten, die Kinder machen dazu das Bewegungsspiel.

Es folgt der Laternenzug mit verteilten Rollen. Danach helfen die Kinder, die Marionettenbühne aufzubauen, die Erzieherin spielt einmal das Märchen vor, dann dürfen auch die Kinder mit den Marionetten spielen. Der Ablauf ist durch die mehrmaligen Wiederholungen klar, so daß dies bei den größeren Kindern ohne Schwierigkeiten möglich ist.

Nach dem Tanz wird gemeinsam abgebaut und das Lied zur Verabschiedung gesungen.

Die *fünfte Spielstunde* könnte sich zu einer kleinen Feier gestalten: Nach dem Lied mit den Sternentönen zur Einstimmung ziehen wir mit unseren selbstgebastelten Laternen herum, singen die bekannten Lieder (eventuell auch: „Mondschein und Sterne") und kommen am Schluß in der Raummitte im Kreis zusammen. Nun beginnt unser Laternenlied, und wir gehen dazu im Kreis herum. Kommt Sankt Martin geritten, stellen wir die Laterne in der Mitte ab, reiten und teilen und klatschen vor Freude.

Nun folgt das schon vorbereitete Marionettenspiel mit Musik, und am Schluß ziehen die Kinder mit ihren Laternen wieder hinaus und „nach Hause". Zu dieser Stunde könnten sogar Gäste eingeladen werden.

Sicher wollen die Kinder dieses Thema noch weiter ausspielen, wozu es im Kindergarten ja immer wieder Gelegenheit gibt!

Praxisbuch Kindergarten
Für Ausbildung und Beruf

Kreativität im Kindergarten

Heike Baum
Kleider, Masken, Rollenspiel
Darstellende Spiele für den Kindergarten
ISBN 3-451-22812-2

Hilde Kappesz
Kreatives Leben mit Kindern
Der situationsorientierte Ansatz im Kindergartenalltag
ISBN 3-451-23357-8

Sylvia Näger
Kreative Medienerziehung im Kindergarten
Ideen – Vorschläge – Beispiele
ISBN 3-451-22548-4

Hildegard Schaufelberger
Märchenkunde für Erzieher
Grundwissen für den Umgang mit Märchen
ISBN 3-451-20130-5

Helga Hoff
Märchen erzählen und Märchen spielen
Mehr Lebensfreude für Kinder und Erzieher
ISBN 3-451-21361-3

Ingeborg Becker-Textor
Kreativität im Kindergarten
Anleitung zur kindgemäßen Intelligenzförderung
im Kindergarten
ISBN 3-451-21197-1

In Ihrer Buchhandlung erhältlich —————— **HERDER** —

Praxisbuch Kindergarten
Für Ausbildung und Beruf

Musik und Bewegung

Waltraud Fink-Klein
Märchen mit Musik und Bewegung
Rhythmisch-musikalische Spielgestaltungen für Kinder
von 5 bis 7 Jahren
ISBN 3-451-23531-5

Fink-Klein/Peter-Führe/Reichmann
Rhythmik im Kindergarten
Erlebnisreiche Spielformen mit Musik – Bewegung – Sprache
ISBN 3-451-20127-5

Renate Zimmer
Kreative Bewegungsspiele
Psychomotorische Förderung im Kindergarten
ISBN 3-451-20129-1

Zimmer/Clausmeyer/Voges
Tanz – Bewegung – Musik
Situationen ganzheitlicher Erziehung im Kindergarten
ISBN 3-451-22176-4

Tonkassette **Tanz – Bewegung – Musik**
ISBN 3-451-22475-5

Hermann Große-Jäger
Freude an Musik gewinnen
Erprobte Wege der Musikerziehung im Kindergarten
ISBN 3-451-19326-4

Tonkassette **Freude an Musik gewinnen**
ISBN 3-451-20024-4

In Ihrer Buchhandlung erhältlich

HERDER